AF131519

PETITES HISTOIRES DE LA POLICE TECHNIQUE ET SCIENTIFIQUE

Philippe MARION

PETITES HISTOIRES DE LA POLICE TECHNIQUE ET SCIENTIFIQUE

Aux origines des «EXPERTS»

Edition : BoD - Books on Demand
12/14 rond-point des Champs Elysées
75008 Paris
Imprimé par BoD – Books on Demand, Norderstedt
ISBN : 978-2-3221-6541-4
Dépôt légal : 11 2018

« - Voici, monsieur le directeur ; Cet homme a déjà été mensuré ici, c'est le matricule 9200.
Bertillon se retournait vers le reporter.
- Vous voyez, dit-il, je ne m'étais pas trompé ! il va me suffire de feuilleter mon répertoire, mon répertoire de ce mois-ci, car ce numéro est récent, et je vais connaître le nom du professionnel, du récidiviste – c'en est un, puisqu'il a passé ici – qui a commis cet attentat »

Fantomas - Le Mort qui tue
Pierre Souvestre et Marcel Allain

Horatio Caine *: N'importe quel contact laisse des traces*
N. Boa Vista *: Edmond Locard*
Le suspect *: Qui c'est ?*
Horatio Caine *: Monsieur Locard est l'homme qui vient de vous faire arrêter.*

Les experts: Miami
Saison 2 Episode 4

« Si tout ce qui précède ne suffit à l'excuser
On y trouve pourtant l'explication de ses méfaits
Depuis qu'elle tourne mal et que la liberté s'effrite
LA SOCIÉTÉ A LES CRIMINELS QU'ELLE
MÉRITE »

Chanson « L'enfance de Bonnot » Boris VIAN

Préambule

Police scientifique, deux mots qui sont entrés dans le vocabulaire de tout un chacun. Pas un polar ou une série policière sans qu'un personnage en blouse blanche n'identifie une trace ADN, qu'un échantillon ne soit envoyé au « labo ». Sans parler de la plus connue d'entre elles, celle où les experts, qu'ils soient de Las Vegas ou de Miami, identifient le criminel en 50 minutes grâce aux différentes traces découvertes sur la scène de crime (traces papillaires, sperme, traces de pneumatiques, peinture, fibres…).

De nos jours, il est impensable que les jurés d'une cour d'assises puissent rendre un verdict sans qu'un expert judiciaire, appartenant à des laboratoires privés ou publics ou qu'un médecin légiste ne viennent présenter le résultat de son expertise.

Et pourtant, il y a un peu plus d'un siècle, l'aveu et le témoignage étaient les seuls éléments que recherchaient policiers, gendarmes ou magistrats pour leur permettre de conclure à la culpabilité d'un suspect. C'était l'époque de la culture de l'aveu.

Les indices laissés sur le lieu du crime (poussières, empreintes digitales, sang, projectiles d'arme à feu), ces témoins muets comme les appelaient Edmond Locard, n'étaient que très rarement étudiés et utilisés lors de l'enquête judiciaire.

Il faudra de très nombreuses années avant que magistrats et jurés ne délaissent les aveux et les témoignages au profit de ces preuves, mises en évidence par ces experts d'un nouveau genre, pour juger de la culpabilité ou de l'innocence d'un individu.

C'est à la fin du XIXᵉ siècle, que trois personnes, Alphonse Bertillon à Paris, Alexandre Lacassagne et Edmond Locard à Lyon, mettent en place les fondements de la police technique et scientifique française.

Ces trois hommes se connaissent :

- Alphonse Bertillon et Alexandre Lacassagne participent à la même revue scientifique : « *Les Archives d'anthropologie criminelle, de criminologie, psychologie normale et pathologique* » ;

- Edmond Locard effectue sa thèse dans le service de médecine légale d'Alexandre Lacassagne puis étudie l'anthropométrie judiciaire et la dactyloscopie (procédé d'identification d'un individu par ses empreintes digitales) dans le service de l'Identité Judiciaire de la préfecture de police de Paris dirigé par Alphonse Bertillon.

Chacun dans son domaine, initie le développement de cette nouvelle science que l'on appellera la criminalistique, l'étude des techniques d'exploitation des traces de crime. Ce mot, est proposé par Edmond Locard après sa lecture de l'ouvrage de Hans Gross, magistrat Autrichien et criminologiste, publié en 1891.

Leurs découvertes dépasseront rapidement les frontières nationales et serviront d'exemples dans le monde entier.

Ce sont certaines de ces affaires criminelles dans lesquelles ils se sont illustrés, qui n'ont rien à envier à celles racontées dans les séries télévisées actuelles, que va tenter de faire revivre ce livre.

BERTILLON
et la police devient technique

Le problème des récidivistes

Cette histoire commence en France, à la fin du XIXᵉ siècle, au début de ce que l'on appelle la Belle Époque, celle des progrès économiques, techniques et sociaux.

Mais c'est aussi une période au cours de laquelle la criminalité progresse. Les « apaches », ces bandes de jeunes délinquants, investissent Paris et les grandes villes de France. De même, le problème de la récidive devient crucial : cinquante pour cent des criminels sont des récidivistes.

Les politiques s'emparent de ce problème et des lois sont promulguées pour aggraver leurs peines. En cas de récidive le criminel est exilé et envoyé au bagne (Toulon, Cayenne, ...).

Autrefois, la marque au fer rouge ou « flétrissure », abolie en 1832, permettait l'identification d'un criminel. En effet, chaque crime, pour lequel un individu était condamné, engendrait une marque différente : F pour faussaire ; V pour vol... Comme la fleur de lys, synonyme de prostitution, présente sur l'épaule de Milady dans « *Les trois mousquetaires* » d'Alexandre Dumas.

En cas d'arrestation, elle permettait, par un simple examen visuel, de connaître le passé criminel de l'individu.

Eugène-François Vidocq, ancien bagnard devenu en 1809 le chef d'une brigade de sûreté, ancêtre de la Police Judiciaire parisienne, le mentionne dans ses mémoires :

« ... Nouvel interrogatoire, même réponse. On me déshabille de la tête aux pieds ; on m'applique

surabondamment sur l'épaule droite une claque à tuer un bœuf, pour faire paraître la marque, dans le cas où j'aurais été antérieurement flétri... »

Mais depuis l'abolition de ce marquage et en l'absence de papiers d'identité, l'identification d'un criminel récidiviste devient compliquée.

Bien sûr, la police dispose des sommiers judiciaires, ces fichiers qui regroupent les noms, crimes et portraits des inculpés de France. Mais leur efficacité, pour confondre ces « *chevaux de retour* », comme on les appelait, est dérisoire.

C'est dans ce contexte, qu'en mars 1879, Alphonse Bertillon, jeune homme de 26 ans, entre à la préfecture de police de Paris comme commis assistant aux écritures. Élève médiocre et peu discipliné, il s'est fait exclure des lycées de Versailles et du Havre pour comportement excentrique et insolence. Après deux années d'études de médecine qu'il a arrêté faute de courage, son père, Louis Adolphe Bertillon, médecin, fondateur de la chaire de démographie au sein de l'École d'Anthropologie de Paris, lui trouve ce travail peu gratifiant, en usant de son influence.

Le travail d'Alphonse Bertillon est simple et peu intéressant, il s'agit, en effet, de recopier les fiches des sommiers judiciaires et de les classer dans l'ordre alphabétique.

Il comprend rapidement l'inutilité de ce travail et s'ennuie très vite.

Son constat est terrible : aucune rigueur dans les descriptions des individus et les photographies, quand elles existent, sont sans grand intérêt, car elles sont si mal réalisées qu'elles ne permettent pas de reconnaître l'individu.

De plus, il n'existe aucun classement permettant une comparaison fructueuse de plusieurs individus dans un fichier qui contient déjà en 1879, environ 6 millions de fiches. Et n'oublions pas, cette comparaison n'est que manuelle.

Alors, Alphonse Bertillon, las de travailler inutilement va s'atteler à rendre ce fichier performant et efficace.

Comment reconnaître un individu parmi tant d'autres, comment l'identifier ?

Comment permettre l'identification de ces récidivistes ?

Pour résoudre ces problèmes qui intéressent toutes les polices du monde, Alphonse Bertillon fait appel aux notions acquises au cours de ses études de médecine et aux conversations qui ont baigné son enfance. Celles de son grand-père, Achille Guillard, botaniste passionné de statistique, celles de son frère aîné et de son père, tous deux médecins.

Il se souvient également de sa lecture d'un ouvrage qui l'a marqué, celui d'Adolphe Quetelet *« Anthropométrie ou Mesure des différentes facultés de l'homme »* paru en 1870.

La naissance de l'anthropométrie judiciaire

Alphonse Bertillon réfléchit donc à un système permettant d'identifier un individu.

Ses études de médecine lui permettent d'affirmer que :

- les mensurations d'un homme ne varient quasiment plus après l'âge de 20 ans ;
- il existe une très grande diversité de dimensions d'un squelette d'être humain à un autre ;
- certaines mesures peuvent être prises facilement sur un homme vivant, à l'aide d'un appareillage simple de fabrication.

C'est ainsi qu'il va créer une nouvelle discipline, l'anthropométrie judiciaire.

Son système concerne majoritairement les hommes, constituant, à l'époque, le plus gros du contingent des criminels. Même si un individu change son apparence en se faisant teindre les cheveux, pousser la barbe ou raser la moustache, ses caractéristiques « anthropométriques », elles, ne changeront pas. Son système devrait donc permettre donc de confondre un éventuel malfrat voir un criminel.

Bertillon choisit onze mesures, celles qui lui semblent générer le moins d'erreurs et les plus faciles à évaluer. Il s'agit des mesures suivantes :

1/ sur l'ensemble du corps :
- la taille ;
- l'envergure des bras ;
- le buste ;

2/ sur la tête :
- la longueur de la tête ;
- la largeur de la tête ;
- la longueur de l'oreille droite ;
- la largeur de l'oreille droite ;

3/ sur les membres :
- la longueur du pied gauche ;
- la longueur du médius gauche ;
- la longueur de l'auriculaire gauche ;
- la longueur de la coudée gauche.

Plus tard, il abandonnera la largeur de l'oreille pour le diamètre bizygomatique (largeur du visage mesurée au niveau des oreilles).

Alphonse Bertillon élabore également des outils simples pour ses prises de mesures : compas pour le crâne, compas à glissières, équerre, règles pour la taille, le buste et l'envergure, tabourets, tablette spéciale.

Il crée ensuite une fiche cartonnée dite « signalétique » ou « anthropométrique » sur laquelle seront retranscrites ces mesures.

Pour classer ces fiches cartonnées et permettre de retrouver un individu déjà enregistré dans un fichier, Alphonse Bertillon invente la méthode de classement dite « anthropométrique ». Celle-ci est basée sur une division tripartite des mesures du corps humain : grand, moyen et petit. Appliquée à certaines mesures, elle permet de retrouver un individu parmi les nombreuses fiches rangées dans des casiers en bois.

En 1905, Alphonse Bertillon, toujours afin de faciliter le classement de ces fiches, crée également un classement « phonétique » des noms des individus, évitant ainsi les erreurs de retranscription de ceux-ci.

Pour compléter cette fiche de signalements, il ajoutera des photographies.

La photographie est encore une technique récente (la première photographie date de 1826, réalisée par le français Nicéphore Niépce), mais elle est déjà utilisée pour décrire les criminels.

En 1854, en Suisse, elle a même été employée pour permettre l'identification d'un voleur qui refusait de donner son nom. L'envoi de cette photographie à plusieurs cantons helvétiques avait permis de l'identifier comme étant un criminel recherché.

Alphonse Bertillon complète donc son système anthropométrique en réalisant deux photographies de l'individu avec une réduction au 1/7, l'une de face, l'autre de profil. Car Bertillon sait qu'il y a le plus de variations sur le profil du visage, notamment au niveau de l'oreille.

De la même manière qu'il s'intéressa aux mesures du corps, c'est avec méthode et rigueur qu'il réalise ces photographies, imposant des conditions paramétrées drastiques pour permettre une comparaison aisée des sujets.

Ainsi l'appareil photographique est positionné à une distance fixe d'une chaise, qu'il dessinera lui-même, obligeant l'individu photographié à s'installer de manière dirigée et droite. Cette chaise est couplée à un système de poulies la faisant tourner d'un angle de 90 degrés, pour effectuer les deux photographies de face et de profil, sans que le sujet ait à bouger, le tout avec un système d'éclairage très performant. Sur le dossier fixe de la chaise est fixée une réglette centimétrique reproduite sur chaque épreuve photographique et qui permet de déterminer la hauteur du buste.

Plus tard, des systèmes plus évolués, comme celui de 1909, seront constitués d'un bâti en fonte avec une manivelle pour tourner la chaise de pose.

Une fois son système défini et prêt à être appliqué, les outils de mesure (compas, équerre, chaise...) réalisés, Alphonse Bertillon dépose, le 15 octobre 1879, sur le bureau du préfet de police de l'époque, Louis Andrieux, le résultat de ses travaux. Celui-ci prend Bertillon pour un fou et menace de le renvoyer.

Mais résolu, ce dernier attendra la démission de Louis Andrieux, pour présenter à nouveau ses travaux en 1882, à son successeur, Ernest Camescasse.

Alphonse Bertillon trouve les mots pour convaincre le préfet. Celui-ci va lui permettre d'expérimenter sa méthode. Il lui accorde trois mois d'essais et deux employés pour mettre en place son système de fichage des criminels et identifier un récidiviste.

L'opération débute le 15 décembre 1882 dans les locaux de la préfecture de police de Paris. Au bout de six semaines d'un travail acharné et après avoir mesuré et classé plus d'un millier de personnes, début 1883, l'un des aides d'Alphonse Bertillon signale un individu, un nommé Jean-Marie Sourd, né à Dijon. En comparant uniquement les données anthropométriques déjà enregistrées (les photographies étant stockées ailleurs), il trouve une correspondance avec un certain Pierre Martin, né au Mans, enregistré le mois précédent. On cherche la photographie correspondante, la ressemblance est frappante. Confronté à cette preuve, le prévenu avoue son usurpation d'identité et donne même un autre nom, Levêque, condamné depuis plusieurs années et en rupture de ban.

Alphonse Bertillon a gagné son pari, l'anthropométrie judiciaire ou « système Bertillon », vient de montrer son efficacité.

Bertillon va donc continuer son travail de fichage et à la fin de cette même année 1883, ce sont 49 récidivistes qui seront reconnus. À la fin de l'année 1884, ce sont 290 récidivistes qui sont identifiés.

En 1888, le gouvernement français adopte officiellement l'anthropométrie judiciaire d'Alphonse Bertillon, appelée également « Bertillonnage », surnom donné par Alexandre Lacassagne.

Alphonse Bertillon et son système d'identification sont mis à l'honneur au moment de l'Exposition Universelle de Paris en 1889, celle ou la tour Eiffel illuminera le monde pour la première fois.

De nombreux pays importeront ce système français : Belgique, Suisse, Russie, États-Unis…

Vous retrouvez ainsi dans certains films policiers américains actuels, ces fameuses photographies de face et de profil montrant le méchant du film, vestiges du « système Bertillon ».

En 1888 est créé le service d'identification de la préfecture de police qui réunit l'anthropométrie et la photographie judiciaires sous les combles du Palais de Justice de Paris. Alphonse Bertillon en devient le chef, 19 personnes travaillent sous ses ordres.

En 1893, il est nommé, par le préfet Lépine, directeur du nouveau service de l'Identité Judiciaire de la préfecture de police de Paris, fort de 35 employés.

Ce service regroupe trois sections : les sommiers judiciaires, l'anthropométrie et la photographie judiciaires.

L'ensemble des fichiers anthropométriques de France est regroupé dans ce service.

Bertillon y restera à la tête jusqu'en 1913, date à laquelle il prendra sa retraite, il a 60 ans.

Le triomphe de l'anthropométrie

L'heure de gloire du « bertillonnage », eut lieu en mars 1892.

La fin du XIXᵉ siècle est une période troublée, c'est le début des attentats anarchistes en France et notamment à Paris.

Le 11 mars 1892, une marmite remplie de dynamite explose au domicile du président Benoît, magistrat qui avait dirigé les débats lors de procès d'anarchistes.

Le 27 mars suivant, dans l'immeuble habité par le substitut Bulot, une seconde bombe explose. Les dégâts matériels sont considérables et quelques personnes sont blessées. L'émoi est grand dans la capitale.

Le 30 mars, un homme est reconnu et dénoncé par un serveur du restaurant « Véry » à Paris, auquel il avait tenu des propos subversifs, le jour même de la seconde explosion.

L'arrestation est musclée. Interrogé l'individu dit se nommer Ravachol et se proclame anarchiste.

Emmené au Service d'Identification dirigé par Alphonse Bertillon, il y est mesuré, photographié, en un mot signalisé, comme il est dorénavant de règle en France.

Après recherche dans les fichiers, Bertillon informe les services de police que Ravachol s'appelle en fait François Claudius Koenigstein.

Celui-ci est bien connu des services de police, il avait été arrêté à Saint-Étienne où il avait été signalisé avant de s'évader de prison.

Mais, détail important, on découvre également qu'il est recherché et accusé d'homicides volontaires dans trois affaires :

- un double homicide, commis dans la nuit du 29 au 30 mars 1886 à la Varizelle, commune d'Izieux, sur les personnes de Jean Rivolier, âgé de 86 ans et de sa domestique Françoise Fradel, âgée de 68 ans. Le mobile des crimes étant le vol ;

- un homicide dans la commune de Chambles, au lieu-dit Notre-dame-de-Grâce, entre le 18 et le 20 juin 1891. La victime étant Jacques Brunel, un « ermite » bien connu de la population et là aussi, il s'agit de la conséquence d'un vol ;

- un dernier double homicide, perpétré vers 21 heures, le 27 juillet 1891, rue de Roanne à Saint-Étienne. La dame Marcon, âgée de 76 ans et sa fille, Marie, âgée de 49 ans, quincaillières de métier, sont assassinées à leur domicile. Là encore le mobile est le vol.

Le 26 avril 1892, François Claudius Koenigstein alias Ravachol, comparait devant la cour d'assises de la Seine, notamment pour le vol de la dynamite qui avait servi à préparer les engins des deux attentats. Il est condamné aux travaux forcés à perpétuité.

Puis il est transféré à Montbrison, siège de la cour d'assises de la Loire, pour y être jugé dans les trois affaires d'homicides.

Le 22 juin 1892 à 3 heures du matin, François Claudius Koenigstein est reconnu coupable de cinq homicides volontaires et condamné à mort.

Il est guillotiné le 11 juillet 1892 à Montbrison.

L'arrestation de Ravachol et son identification eurent un retentissement très important dans la presse nationale et internationale.

Grâce à l'anthropométrie, Alphonse Bertillon fut connu dans le monde entier, sa renommée, dit-on était aussi grande que celle d'un autre grand scientifique français de l'époque, Louis Pasteur.

Le nom d'Alphonse Bertillon se retrouve à la une de nombreux journaux et même dans des romans, qu'ils soient français ou étrangers.

Il verra son nom cité à de nombreuses reprises dans la célèbre série des « *Fantomas* » de Pierre Souvestre et Marcel Allain (32 romans entre 1911-1913). Il aura même le droit d'y apparaître en tant que personnage principal dans un chapitre intitulé « Anthropométrie » dans *Le Mort qui tue*, troisième volume de cette série.

En 1893, il est cité dans « *Le traité naval* », l'une des aventures du plus grand détective de la littérature, Sherlock Holmes : « *Durant le trajet, il (Sherlock Holmes) ne me parla guère que du système anthropométrique de Bertillon, pour lequel il ne cachait pas son admiration* ».

En 1901, il devient son égal.

Dans « *Le chien des Baskerville* », troisième roman des aventures de son héros récurrent, Conan Doyle écrivait : « *… Je suis venu, monsieur Holmes, parce que je reconnais que je ne suis pas un homme pratique et ensuite parce que les circonstances m'ont placé en face d'un problème aussi grave que* *mystérieux. Je vous considère comme le second parmi les plus habiles experts de l'Europe...*

- Vraiment ! Puis-je vous demander le nom de celui que vous mettez en première ligne ? fit Holmes avec un peu d'amertume.

- L'œuvre de M. Bertillon doit fort impressionner l'esprit de tout homme amoureux de précision scientifique.

- Alors, pourquoi ne le consultez-vous pas ?

- J'ai parlé de précision scientifique. Mais, en ce qui concerne la science pratique, il n'y a que vous... J'espère, monsieur, que je n'ai pas involontairement...

- Un peu, interrompit Holmes. »

Les empreintes digitales

L'authentification de documents par l'apposition d'une empreinte digitale est une pratique qui remonte bien avant l'ère chrétienne.

L'empereur chinois Qin Shi Huangdi (259 - 210 av. J.-C.) fut le premier souverain à utiliser la marque des empreintes digitales dans l'argile comme sceau servant à authentifier les documents officiels.

En 1823, le physiologiste tchèque Jan Evangelista Purkinje publie un livre « *L'examine physiologico organi visus et systematis cutanei* » dans lequel il décrit les empreintes digitales et plus particulièrement les crêtes papillaires, ces petites éminences que nous avons sur la surface de l'intérieur de nos doigts et qui forment des dessins, qu'il classe en neuf catégories.

La première application pratique des empreintes est à la demande de William Herschel, administrateur des affaires civiles du district de Hooghly, dans la province du Bengale. En 1858, il commence à exiger l'ajout de l'empreinte du pouce des indigènes sur les contrats qu'ils signent, suite à de nombreuses contestations d'écriture. Il étend ensuite ce principe aux détenus en 1877.

C'est aussi lui, qui découvre que les empreintes digitales sont immuables, quel que soit l'âge et les circonstances. Pour en arriver à cette conclusion, il se sert des empreintes de plusieurs personnes relevées à vingt-huit, trente-et-un et cinquante-trois ans d'intervalle.

Il prend également ses propres empreintes digitales à vingt-cinq ans et quatre-vingt-deux ans. Il put ainsi démontrer que celles-ci étaient toujours les mêmes tout au long de la vie d'un individu.

Mais le premier qui s'intéresse à l'empreinte digitale dans un cadre criminel, est un médecin britannique : Henry Faulds. En 1880, il explique, dans une lettre adressée à la revue « *Nature* » le caractère unique des empreintes digitales et mentionne que les traces digitales subsistent sur les lieux de crimes, pouvant ainsi servir à confondre les malfaiteurs. Il préconise également de joindre ces empreintes aux photographies des criminels.

Dans cette même lettre, il indique deux affaires criminelles dans lesquelles il a pratiquement employé la preuve dactyloscopique. Dans un cas, il a identifié une empreinte sur un verre dans lequel on avait bu et dans l'autre, la comparaison entre les traces et une empreinte digitale s'est avérée négative.

En Angleterre, en 1888, Francis Galton, grand scientifique touche à tout, cousin de Charles Darwin et inventeur du mot « anticyclone », construit une méthode de classification des empreintes digitales qu'il présente cette même année à L'Institut Royal de Londres.

Il publie en 1892 « *Finger prints* », le premier ouvrage de référence sur les empreintes digitales.

Galton calcule également qu'il n'y a qu'une chance sur 64 milliards (jumeaux homozygotes (« *vrais* » jumeaux) compris) d'avoir deux dessins d'empreintes de doigts identiques.

C'est une avancée révolutionnaire pour l'enquête judiciaire.

En France, on s'intéresse aussi aux empreintes digitales. Sous l'impulsion du lyonnais Alexandre Lacassagne, plusieurs thèses d'étudiants en médecine sont réalisées sur les empreintes de toutes origines (pas, digitales…) retrouvées sur les scènes de crime.

Deux d'entre-elles sont déterminantes :

- celle d'André Frécon, en 1886. Il y étudie les empreintes en général et indique toute l'importance qu'elles doivent acquérir dans la pratique médico-judiciaire.

- celle en 1892, de René Forgeot, sur les empreintes digitales et les traces invisibles que l'expert doit rechercher sur les lieux d'un crime.

C'est l'époque où les diverses traces laissées sur les lieux d'un acte criminel deviennent des preuves indiciales.

La première utilisation des empreintes digitales dans le cadre d'une affaire criminelle résulte de la contribution du criminologue croate, Ivan Vučetić, qui émigra en Argentine (naturalisé Juan Vucetich).

En 1891, Vucetich met en place un service d'anthropométrie et de dactyloscopie sur le modèle de celui d'Alphonse Bertillon, à la Plata, capitale de la province de Buenos Aires. Il développe la même année son propre système de classification des empreintes digitales et met en place le premier fichier des empreintes digitales en Argentine.

Il forme les policiers à la dactyloscopie et l'un de ses élèves, l'inspecteur Alvarez, met en œuvre cette toute nouvelle technique pour résoudre une affaire criminelle, l'affaire Rojas.

C'est une première mondiale.

L'affaire Rojas: la preuve par l'empreinte digitale

Le 19 juin 1892, dans la banlieue de Necochea, ville portuaire située à 500 kilomètres environ de Buenos Aires, les cadavres de deux enfants, un garçon et une fille, sont retrouvés au domicile de leur mère, Francisca Rojas. Entendue par la police, elle déclare avoir été assommée par un voisin nommé Pedro Ramon Velasquez.

Lors de son premier interrogatoire, Francisca Rojas apprend aux policiers que son voisin, qui travaille comme vacher, la harcèle depuis quelque temps pour qu'elle l'épouse.

Le rapport de police parvient à La Plata, le 8 juillet 1892. L'inspecteur Eduardo Alvarez de la police centrale est envoyé en renfort à Necochea.

Sur place, il constate que la police locale n'a pas cherché d'autres pistes possibles. Plus grave encore, Pedro Velasquez, qui est sous les verrous et qui n'a jamais avoué même après avoir été torturé à plusieurs reprises, possède un alibi, il était avec des amis le soir du crime.

Au cours de son enquête, l'inspecteur Alvarez apprend également que l'amant de Francisca Rojas aurait dit qu'il se verrait peut-être bien épouser Francisca, mais pas s'encombrer de ses deux enfants.

Plus de quinze jours après les faits, le policier qui a été formé à la dactyloscopie par Juan Vucetich, va examiner les lieux des crimes.

Lors de ses constatations, il découvre sur l'encadrement de la porte menant à la chambre à coucher, la marque sanglante d'une trace digitale.

Comme la mère n'avait pas de sang sur elle lorsqu'elle est apparue chez les voisins pour déclarer les meurtres, cette empreinte doit forcement appartenir à l'assassin.

Alvarez découpe le morceau de bois sur lequel se trouve la trace et exige que les empreintes digitales de Pedro Ramon Velasquez et également celles de Francisca Rojas soient prélevées, malgré les avis contraires des policiers de Necochea.

Après avoir encré les doigts de Francisca Rojas et de son voisin, il les presse sur une feuille de papier. Bien que ne possédant que des connaissances rudimentaires en dactyloscopie, l'inspecteur Alvarez parvient à l'aide d'une loupe à comparer la trace avec les empreintes digitales. Pour lui, pas de doute, la trace relevée sur la porte correspond à l'empreinte digitale du pouce droit de Francisca Rojas, pas à celle de Velasquez.

Face à cet élément de preuve d'un nouveau genre, la mère s'effondre et passe aux aveux.

Elle a tué ses enfants en les frappant à l'aide d'une pierre, parce qu'ils constituaient un obstacle à son mariage. Après son acte, elle a nettoyé ses mains et ses vêtements et a jeté la pierre dans un puits. Cependant, elle n'avait pas vu l'empreinte sanglante qu'elle avait laissée sur l'encadrement de la porte.

Francisca Rojas fut condamnée à perpétuité.

C'était la première fois qu'une trace digitale découverte sur une scène de crime était comparée avec les empreintes de suspects. Elle permit à la fois la condamnation de l'auteure des faits mais également d'innocenter Pedro Ramon Velasquez, incarcéré injustement.

Bertillon et les empreintes digitales

Un an après cette première mondiale, en 1893, Bertillon met en place son service d'Identité Judiciaire à la demande du Préfet Lépine. Il n'ignore rien des recherches et des progrès de la dactyloscopie et a bien perçu l'intérêt d'examiner les traces digitales laissées par un criminel sur une scène de crime.

Mais il est très réticent à les ajouter à son système anthropométrique. À la fois parce qu'il lui semble que c'est une technique compliquée à mettre en place et peut-être aussi parce qu'elle menace son propre « Bertillonnage ».

Cependant, en 1894, après que Francis Galton et Alexandre Lacassagne l'eurent convaincu de l'intérêt de cette nouvelle preuve, il décide d'adjoindre les empreintes digitales des doigts de la main droite à sa fiche signalétique, mais garde son système de classement anthropométrique car peu convaincu de la possibilité de trier et classer des fiches selon les différentes caractéristiques des empreintes digitales.

En 1901, il ajoute l'index de la main gauche et en 1904, il adopte la fiche décadactylaire (fiche signalétique regroupant les empreintes digitales des dix doigts).

Il faudra donc dix années avant que n'apparaissent les empreintes digitales complètes d'un individu dans les fichiers anthropométriques de l'Identité Judiciaire parisienne. Dix années qui montrent le manque d'empressement d'Alphonse Bertillon à utiliser les empreintes digitales et qui auront leur importance dans les critiques qui seront formulées à son encontre à la fin de sa carrière.

La prise d'empreintes se réalise de manière assez simple dans les services de l'Identité Judiciaire.

On dépose quelques gouttes d'encre (généralement d'imprimerie, ou un mélange spécial d'huile de lin et de noir de fumée) sur une plaque métallique préalablement nettoyée avec soin. Avec un rouleau en caoutchouc, on l'étale de façon à n'en mettre qu'une couche extrêmement légère. L'opérateur saisit la main de la personne à prélever, il prend les doigts un par un, les pose d'abord sur la plaque, les roule sur l'encre, puis fait de même sur la fiche anthropométrique.

À quoi ressemble cette fiche signalétique ?

Prenons le modèle parisien de l'année 1909. Il s'agit d'une fiche cartonnée de format carré, de 146 mm de côté.

Au recto :

- N° fiche, nom et prénom, surnoms et pseudonymes, lieu et date de naissance, nom du père et de la mère, profession, antécédents, motif de la détention ;

- marques particulières (tatouages, cicatrices...) ;
- empreintes des 5 doigts de la main gauche ;

Au verso :

- anthropométrie ;
- couleur de l'iris gauche ;
- couleur des cheveux ;
- formule dactyloscopique ;
- photographies de face et de profil ;
- empreintes des 5 doigts de la main droite.

En février 1914, à la mort de Bertillon, le service de l'Identité Judiciaire de la préfecture de police de Paris possède un fichier constitué d'environ 1 200 000 fiches signalétiques.

Malgré le peu d'intérêt d'Alphonse Bertillon pour la dactyloscopie, l'Histoire va le mettre à l'honneur en faisant de lui le premier homme à identifier un criminel à partir de ses empreintes digitales.

L'affaire Scheffer : première identification par l'empreinte digitale

Le 17 octobre 1902, au 157 de la rue du Faubourg Saint-Honoré à Paris, le dentiste Auguste Alaux découvre le cadavre de son domestique Joseph Reibel.

« Joseph Reibel était étendu sur le parquet la tête appuyée sur une chaise renversée. Il avait été étranglé avec les mains et une serviette lui enserrait encore le cou. Son visage était labouré de coups d'ongles. Le malheureux avait lutté longtemps avec son assassin. »

(*Le Figaro,* 18 octobre 1902).

Le vol semble être à l'origine du meurtre.

Les policiers alertés se rendent sur les lieux du crime. Une équipe du service de l'Identité Judiciaire arrive sur place avec Alphonse Bertillon à sa tête, pour photographier la scène de crime. Le procureur également sur place lui fait remarquer quatre empreintes digitales sur un morceau de la vitrine d'un médailler fracturé : un pouce sur une face de la vitre et trois autres doigts sur l'autre face, prouvant que leur propriétaire avait enlevé le débris de vitre après la fracture.

Ce détail essentiel pour l'enquête présente une complication technique, celle de devoir distinguer des empreintes sur deux faces d'un même morceau de verre. Mais, en contre-partie, la présence des traces de quatre doigts est une caractéristique qui permet de faciliter l'identification du criminel.

De plus, et c'est une chance pour Alphonse Bertillon, les empreintes découvertes correspondent aux quatre doigts de la main droite, les seuls répertoriés sur la fiche signalétique à cette date.

Le morceau de verre est ramené au service d'Identité Judiciaire et Alphonse Bertillon photographie les empreintes sans les colorer en posant le verre sur un fond noir et en éclairant avec une lampe.

Il examine minutieusement les traces retrouvées et les compare avec les empreintes présentes dans le fichier anthropométrique, constitué, heureusement pour lui d'un nombre limité d'individus.

Il réussit à identifier les traces retrouvées sur le médailler fracturé comme étant celles d'un certain Henri-Léon Scheffer, âgé de 26 ans, arrêté et fiché quelques mois plus tôt, le 9 mars 1902.

Dans son rapport d'expertise, daté du 24 octobre 1902, qu'il envoie au juge d'instruction, Alphonse Bertillon démontre la similitude des empreintes trouvées sur le médailler et celles de Scheffer, avec trois points caractéristiques pour le pouce, quatre pour l'index, quatre pour le majeur et six pour l'annulaire.

Sa conclusion est sans ambiguïté :

« Il appert que les empreintes digitales photographiées par nous sur la vitrine brisée dans un des salons de M. Alaux correspondent exactement à celles que le pouce, l'index, le médius et l'annulaire de la main droite du nommé Scheffer auraient pu occasionner ; La position respective des traces de doigts imprimées sur les deux faces opposées de cette vitre, savoir celles du pouce sur la face extérieure et celles de l'index, du médius et de l'annulaire sur la face intérieure de la vitrine fracturée, démontre

incontestablement que l'apposition de ces empreintes a été faite après le bris de la susdite vitre. »

Henri-Léon Scheffer est arrêté à Marseille et devant cette preuve scientifique, passe aux aveux. Il avait une relation homosexuelle avec la victime. Celle-ci ne voulant pas participer au vol de son employeur, il l'avait étranglée.

C'est la première fois qu'un assassin est identifié par comparaison de traces papillaires découvertes sur une scène de crime avec des empreintes digitales contenues dans un fichier.

Lors du procès de Henri-Léon Scheffer, Alphonse Bertillon témoigne en tant qu'expert, une première nationale. Il démontre, devant les magistrats et les jurés, la valeur probante des empreintes digitales et son intérêt pour confondre un criminel.

Son intervention aura beaucoup d'effet sur les jurés qui condamneront le prévenu aux travaux forcés à perpétuité.

Henri-Léon Scheffer y mourra quelques années plus tard.

L'utilisation des empreintes digitales dans le domaine judiciaire vient de montrer son efficacité et dorénavant sur les scènes de crime, les traces papillaires seront examinées et prélevées avec beaucoup d'attention.

La notoriété de Bertillon est alors à son firmament.

Mais bientôt, plusieurs affaires vont assombrir cette renommée et marquer la fin de l'anthropométrie au profit de la dactyloscopie.

L'affaire WEST

L'affaire Will et William West, est souvent mentionnée comme étant à l'origine de la fin de l'anthropométrie au profit de l'empreinte digitale.

En 1903, un nouveau détenu, Will West, arrive au pénitencier de Leavenworth au Kansas (États-Unis). Comme il est d'usage à cette époque, Will West est photographié et mesuré selon la méthode de Bertillon.

Le gardien chargé de son enregistrement, M.W. McClaughry, est troublé, car il lui semble reconnaître cet individu et il est convaincu que Will West est déjà passé devant lui.

Après avoir établi sa fiche signalétique, il la compare à celles du fichier des autres détenus du pénitencier. Et effectivement, il trouve une fiche similaire, celle d'un détenu qui réside depuis deux ans au pénitencier, son nom… William West.

Bien qu'il n'y a aucun lien de parenté entre les deux West, William West ressemble comme un jumeau à Will West et leurs mesures anthropométriques sont semblables.

Seules les empreintes digitales permettent de les différencier.

Même si les photographies des deux hommes sont vraiment semblables, il semble que les mesures anthropométriques ne sont pas totalement similaires. Les différences correspondent aux erreurs de mesures inhérentes à celles-ci.Cette histoire met en évidence la supériorité des empreintes digitales sur l'anthropométrie pour l'identification d'un individu.

L'affaire Dreyfus ou le faux pas de Bertillon

Alphonse Bertillon réalisa d'autres types d'expertises et notamment des expertises d'écritures manuscrites.

C'est l'une d'elles qui rendit Alphonse Bertillon malheureusement célèbre, car l'affaire prit une ampleur sans précédent en France et même à l'étranger, celle d'Alfred Dreyfus.

En septembre 1894, un bordereau est rapporté au contre-espionnage français par « voie ordinaire » (c'est-à-dire ramassé dans les corbeilles de l'ambassade d'Allemagne à Paris). Ce bordereau partiellement déchiré, non daté et non signé est adressé à l'attaché militaire allemand en poste à l'ambassade et laisse entendre qu'un officier français lui livre des renseignements.

Le capitaine Alfred Dreyfus, polytechnicien et artilleur est immédiatement soupçonné sur la base d'une ressemblance d'écriture, alors que l'auteur du bordereau avait écrit qu'il allait « partir en manœuvre », ce qui n'était pas le cas du capitaine.

Alfred Dreyfus est convoqué le 15 octobre 1894 au ministère de la Guerre où il est soumis à une dictée. Une comparaison des écritures est réalisée. Le commandant Paty de Clam, pourtant néophyte en matière d'expertise graphologique, conclut dans un rapport en date du 31 octobre 1894, qu'en dépit de quelques dissemblances, les ressemblances sont suffisantes pour justifier une enquête.

Cependant, un autre expert, monsieur Alfred Gobert, expert près la Banque de France, convoqué personnellement par le ministre, décèle lui, de nombreuses divergences.

Le 4 décembre 1894, le général Saussier, gouverneur militaire de Paris, donne l'ordre de juger Dreyfus.

Chargé du procès pour haute trahison du capitaine Dreyfus, le Conseil de Guerre se réunit du 19 au 22 décembre 1894 à Paris.

Le vide du dossier apparaît clairement lors des audiences : se défendant point par point, les déclarations de l'accusé sont corroborées par plusieurs témoignages. Officier patriote, bien noté et de surcroît très riche, aucun mobile sérieux ne ressort dans le dossier d'accusation.

Alphonse Bertillon également nommé expert en écritures manuscrites dans ce dossier, va développer une théorie particulière sur la comparaison des écritures.

Pour lui, Alfred Dreyfus est l'auteur du bordereau, mais il a fabriqué un faux en modifiant son écriture, de manière géométrique, afin de nier qu'il en était l'auteur, si le bordereau était intercepté.

La théorie de Bertillon selon laquelle Alfred Dreyfus aurait imité sa propre écriture a un certain effet sur les juges. Effet qui va se prolonger par l'intervention du commandant Henry, membre des services de renseignements français. Ce dernier accable l'accusé en affirmant qu'une suspicion de fuites existait depuis le mois de mars 1894 qui le mettait en cause.

Les membres du Conseil de Guerre déclarent l'accusé coupable et le condamnent à la déportation perpétuelle et à la destitution de son grade.

Le 21 février 1895, Alfred Dreyfus embarque pour l'île du Diable.

L'affaire va connaître un développement inattendu, quand, en mars 1896, une lettre déchirée puis reconstituée parvient au contre-espionnage français. Interceptée à l'ambassade d'Allemagne, elle est adressée à un certain Ferdinand Esterhazy, commandant de l'armée française et révèle que ce dernier livre des informations à cette puissance étrangère.

Le lieutenant-colonel Picquart, affecté à la tête du service de renseignements en juillet 1895, obtient deux lettres de cet officier et s'aperçoit alors que l'écriture est la même que celle figurant sur le bordereau de l'affaire Dreyfus.

Dès lors, il ordonne une enquête approfondie sur le commandant Esterhazy, qui est décrit comme un homme criblé de dettes, à la personnalité trouble et aux mœurs dissolues. Il est alors convaincu de l'innocence du capitaine Dreyfus.

Aussitôt, il communique les résultats de ses investigations au général Boisdeffre, chef d'Etat-Major de l'armée, qui lui oppose le principe de l'autorité de la chose jugée. À partir de ce moment-là, le commandant Henry et le commandant Esterhazy, protégés par l'armée mettent tout en œuvre pour discréditer Picquart et l'évincer de son poste : une enquête est instruite contre lui, il est surveillé, éloigné dans l'Est puis affecté en Tunisie.

Le commandant Henry fabrique également un faux assez grossier qui sera surnommé par les forces politiques de droite, le « *faux patriotique* ». Il a l'apparence d'un courrier de l'attaché militaire italien adressé à son collègue allemand, « démontrant » la culpabilité de Dreyfus.

En novembre 1897, un courtier avertit Mathieu Dreyfus, le frère d'Alfred, qu'il a identifié l'écriture du bordereau comme étant celle de l'un de ses débiteurs : M. Esterhazy.

Déjà accusé de calomnie par le lieutenant-colonel Picquart, Esterhazy est alors dénoncé par la famille de l'accusé comme le véritable auteur du bordereau, dans une lettre adressée au ministre de la Guerre.

Bien que protégé par l'armée, Esterhazy se trouve dans une position précaire suite à la publication dans « *Le Figaro* », d'anciennes lettres communiquées par son ex-maîtresse, dans lesquelles il exprime sa haine de la France et son mépris pour l'armée. Afin d'éradiquer toute polémique, l'état-major exige qu'Esterhazy demande lui-même à être jugé.

Le procès qui s'ouvre le 10 janvier 1898 est peu régulier : on refuse à la famille Dreyfus de se constituer partie civile. Les témoins à charge sont insultés et Ferdinand Esterhazy est applaudi. Le lieutenant-colonel Picquart est considéré comme le véritable accusé ; il est d'ailleurs chassé de l'armée et emprisonné pendant un an.

Le 11 janvier 1898, Esterhazy est acquitté à l'unanimité. Il s'exilera en Angleterre où il finira ses jours sans jamais être inquiété.

Révolté par l'acquittement d'Esterhazy, Émile Zola donne à l'affaire une nouvelle dimension en publiant à la une de « *l'Aurore »,* son fameux article « J'accuse ».

Accusant le Conseil de Guerre d'avoir « acquitté sciemment un coupable », Émile Zola est poursuivi pour diffamation. Le procès d'Émile Zola se déroule devant la cour d'assises de la Seine du 7 au 23 février 1898. Il lui permet de diffuser encore plus largement auprès du grand public la réalité de l'affaire Dreyfus.

Véritable bataille juridique entre la cour et l'avocat de l'écrivain, Fernand Labri, ce procès aboutit à la condamnation de Zola à un an de prison et 3.000 francs d'amende.

Suite à la cassation de l'arrêt pour vice de forme, Émile Zola fait à nouveau l'objet d'un procès devant la cour d'assises de Seine-et-Oise. La cour confirme le premier jugement, mais Zola s'exile en Angleterre avant que celui-ci ne lui soit notifié.

Le 5 juillet 1898, Lucie Dreyfus, femme d'Alfred, forme une requête en annulation du procès de 1894, fondée sur la communication aux juges d'un dossier secret.

Le 13 août 1898, le capitaine Cuignet, attaché au cabinet du ministre de la Guerre, étudie les pièces du dossier secret. Il découvre que le « *faux patriotique* » présente des incohérences : les quadrillés du papier sont de teintes différentes, l'en-tête et le bas de page ne correspondent pas avec la partie centrale. Immédiatement alerté, le ministre de la Guerre, Godefroy Cavaignac, bien que persuadé de la culpabilité d'Alfred Dreyfus, ne peut nier l'évidence.

Le 30 août 1898, le ministre convoque le commandant Henry pour l'interroger en personne. Au bout d'une heure d'interrogatoire, celui-ci livre des aveux complets. Il a fabriqué un faux à partir de différents courriers. Arrêté et incarcéré au Mont Valérien, il se suicide le lendemain en se tranchant la gorge.

Le 29 octobre 1898, la chambre criminelle de la Cour de cassation déclare la demande de révision recevable.

Le 9 juin 1899, Alfred Dreyfus quitte l'île du Diable et est transféré à la prison militaire de Rennes.

Le Conseil de Guerre se réunit du 7 août au 9 septembre 1899 dans un climat de haute tension.

Lors de ce procès, Alphonse Bertillon fait une déposition de plus de dix heures sur deux jours d'audience. Il expose au Conseil de Guerre la méthode savante qui lui a permis d'identifier Alfred Dreyfus comme étant l'auteur du bordereau.

Dans son exposé, Alphonse Bertillon se place en tant qu'expert scientifique et réalise sa démonstration à l'aide de mesures, de photographies et de probabilités.

Le bordereau est constitué d'un papier pelure presque transparent. Étant donné qu'un tel papier à lettre est peu courant, Alphonse Bertillon suppose que ce choix est motivé par la volonté de s'en servir comme d'un calque. De plus, certains mots ou certaines syllabes répétées dans le texte du bordereau semblent identiques entre-eux et peuvent pratiquement être superposés. La superposition se faisait toujours avec un recul de 1,25 millimètres ou avec un multiple de cette valeur. Ils paraissent s'aligner sur un quadrillage invisible.

Ce 1,25 millimètres, est une valeur familière des officiers puisqu'elle correspond au « *kutch* », une règle couramment utilisée pour convertir les échelles sur des cartes. Alfred Dreyfus en connaît très bien le maniement puisqu'il a passé plusieurs mois à l'État-major militaire de Paris. L'autre élément décisif de l'argumentation d'Alphonse Bertillon porte sur une lettre trouvée dans un buvard au domicile d'Alfred Dreyfus et appartenant à son frère Mathieu. Cette lettre présente, selon l'expert une caractéristique intéressante. Certains mots redoublés se superposent de manière quasiment géométrique sur le bordereau, en particulier, le mot « *intérêt* », qui obéit presque parfaitement à la loi « *kutchique* » : les traits, les espacements ou les courbes ont tous un rayon mesurable en « *kutchs* ». En conséquence, le mot « *intérêt* » doit être le gabarit sur lequel le bordereau a été calqué. Selon Alphonse Bertillon, Alfred Dreyfus a constitué une chaîne formée du mot « *intérêt* » (*intérêtintérêtintérêt*) répété plusieurs fois à partir de la lettre du buvard et a ensuite rédigé le bordereau sur du papier pelure en calant le rythme de son écriture sur celle-ci.

Alphonse Bertillon calcule la probabilité d'avoir des « *coïncidences* » pareillement disposés et estime qu'il faudrait écrire environ 10 000 lettres pour obtenir le même alignement. Selon lui, ce chiffre est suffisamment élevé pour conclure que le bordereau est falsifié.

La démonstration impressionne la presse mais suscite des interrogations et des railleries. Même les juges du tribunal se permettent quelques remarques ironiques sur la complexité de la démonstration ou sur la longueur de l'intervention.

Le Conseil de Guerre, à la majorité de 5 voix contre 2, déclare l'accusé coupable de haute trahison avec circonstances atténuantes et le condamne à dix ans de réclusion. Le soir même, Alfred Dreyfus forme un pourvoi en révision. Le lendemain, son frère l'avertit que le gouvernement est disposé à proposer au chef de l'État de signer sa grâce. Épuisé et convaincu par ses proches, il retire son pourvoi. Sa grâce est signée le 19 septembre 1899 par le président Émile Loubet et il sort de prison deux jours plus tard.

Jean Jaurès, nouvellement élu député en 1902, relance l'affaire en avril de la même année, lors d'un discours prononcé à la Chambre, dans lequel il évoque les incohérences et les « *faux* » qui constellent le dossier Dreyfus. Devant ces faits nouveaux, le ministre de la Guerre, le général André, procède à une enquête administrative qui va durer six mois.

Le 19 octobre 1903, le ministre rend un rapport qui expose la gravité des faits découverts. Sur la base de ces révélations, Alfred Dreyfus forme une requête en révision de l'arrêt de 1899 devant le garde des Sceaux.

Le 3 mars 1904, la Cour de cassation déclare la demande en révision recevable et ordonne une instruction supplémentaire.

Le 18 avril 1904, la chambre criminelle de la cour de cassation désigne comme expert trois scientifiques renommés :

- Henri Poincaré, grand mathématicien français, président de la société française de physique ;

- Gaston Darboux, mathématicien, secrétaire perpétuel de l'académie des sciences ;

- Paul Appell, mathématicien.

Ces trois experts vont étudier de nouveau le bordereau en vue de la révision de l'affaire Dreyfus. Ceux-ci vont donc se pencher sur l'expertise et la théorie d'Alphonse Bertillon. Ils vont auditionner celui-ci sur sa méthode puis refaire ses mesures et ses calculs.

L'interrogatoire d'Alphonse Bertillon est poussé et les questions sont d'une grande précision.

Les calculs de probabilités sont décortiqués par Henri Poincaré, spécialiste en la matière. Ces calculs, tous faux, ont été la principale critique de la théorie de l'auto-forgerie.

Henri Poincaré rédige les conclusions du rapport d'expertise, rendu le 2 août 1904. Dans un style lapidaire, il détruit un à un les raisonnements d'Alphonse Bertillon et de ses disciples. En quatre pages d'introduction, Henri Poincaré prononce une condamnation sans appel des calculs d'Alphonse Bertillon

« S'il s'agissait d'un travail scientifique, nous nous arrêterions là ; nous jugerions inutile d'examiner les détails d'un système dont le principe même ne peut soutenir l'examen ; mais la Cour nous a confié une mission que nous devons accomplir jusqu'au bout ».

Les travaux d'Alphonse Bertillon sur le bordereau ont été menés à partir de reproductions photographiques. Ne disposant du document original que pour quelques heures, il a d'abord fait procéder à des agrandissements de celui-ci, clichés sur lesquels on voyait apparaître les filigranes du papier sous la forme de traits de quatre à cinq millimètres d'épaisseur. Sur une planche à dessin, avait ensuite été tracée une série de droites découpant la surface en carrés de quatre centimètres de côté. Tout le travail d'Alphonse Bertillon et de ses assistants consista alors à tenter de superposer les carrés du filigrane sur les carrés de la planche à dessin, tâche extrêmement difficile. Le document ainsi obtenu lui paraissant peu lisible. Il tenta ensuite, par le biais d'agrandissements, de calquages et même de gouachages, d'obtenir une copie correcte du bordereau qu'il réduisit d'un coefficient de 2,5.

Devant un tel travail, les trois experts mathématiciens peuvent difficilement éluder une question essentielle :

- à quelles conditions pouvait-on espérer obtenir une copie exacte du bordereau à partir de telles méthodes ?

Il aurait fallu que les filigranes du papier soient rectilignes et rigoureusement parallèles, perpendiculaires et équidistants entre eux.

Il aurait fallu que l'équidistance soit d'exactement quatre millimètres.

En d'autres termes, il aurait fallu que le bordereau présente toutes les caractéristiques d'une figure géométrique idéale. Tout se passait comme si Alphonse Bertillon avait pris comme instrument de mesure, non pas un mètre, mais tout simplement le filigrane du papier. Pouvait-on se fier à un tel instrument ?

Les experts confièrent un morceau du bordereau à l'Observatoire de Paris, seul à posséder un macro-micromètre, appareil permettant un examen précis du document. Les résultats des mesures sont édifiants : sur une même rangée du filigrane, les dimensions des carrés varient dans des proportions très importantes. D'où la conclusion des experts :

« Ainsi M. Bertillon a pris toutes ses mesures avec un mètre faux, parce que les divisions étaient trop petites, parce qu'elles étaient irrégulières, parce qu'elles étaient mal définies par suite de l'épaisseur des traits de division ».

Ce rapport servira de base à la décision de la Cour de Cassation du 12 juillet 1906 qui annulera le jugement de Rennes et réhabilitera définitivement Alfred Dreyfus.

Dans cette affaire, la querelle d'experts donne l'occasion d'une véritable remise en question de l'expertise scientifique. Cette affaire est donc l'occasion pour la justice et la communauté scientifique de se pencher sur la valeur d'une expertise judiciaire, ses règles et ses limites.

La réputation d'Alphonse Bertillon ainsi que sa méthode d'analyse sont grandement affectées par cette affaire.

Le vol de la Joconde

La dernière affaire qui met à mal le « système Bertillon » a lieu en 1911, à Paris. Son retentissement est énorme, car le monde entier est témoin du manque d'efficacité du système parisien de classement anthropométrique.

Cette affaire débute par un vol, mais pas n'importe lequel, celui de la très célèbre Joconde de Léonard de Vinci.

Ce mardi 22 août 1911, bien avant l'ouverture au public, le peintre Louis Béroud, pénètre dans le musée du Louvre comme il en a l'habitude. Il y vient souvent pour y exécuter des copies ou des compositions originales des plus grandes œuvres exposées au musée.

Il se rend au Salon Carré pour réaliser un croquis du portrait de la célèbre Mona Lisa de Léonard de Vinci. Arrivé sur place, il constate que l'emplacement de la Joconde est vide. Alertés, les personnels du musée cherchent le fameux tableau. On pense d'abord qu'elle a été décrochée pour être photographiée, mais à 12h20, Georges Bénédicte, qui en l'absence de Théophile Homolle, directeur du musée, fait l'intérim, se rend à la préfecture de police de Paris pour y déclarer le vol de l'inestimable tableau.

Quelques heures plus tard, le chef de la sûreté, M. Hamard accompagné d'une soixantaine de policiers envahissent le Louvre. Ils vont réaliser une fouille méticuleuse du musée, toits compris, à la recherche d'indices.

Dans un escalier menant à la cour du sphinx, le cadre du tableau de Léonard de Vinci est retrouvé ainsi que sa vitre de protection. Sur celle-ci, Alphonse Bertillon, dépêché également sur les lieux, repère une trace digitale.

De retour, au service de l'Identité Judiciaire de la préfecture de police de Paris, il photographie cette trace et la compare aux empreintes digitales de son fichier.

Mais contrairement à ce qu'il s'est passé en 1902, aucune correspondance ne sera trouvée. En l'absence de résultats, les empreintes digitales des 257 employés du musée et des entreprises travaillant sur le site du Louvre sont prises et comparées à celle laissée par le criminel.

Mais là encore aucun résultat, le voleur ne peut être identifié.

Devant un tel désastre, le directeur du musée du Louvre est contraint à la démission.

L'enquête, elle, piétine. Diverses pistes, même les plus étonnantes seront suivies. C'est ainsi que l'on verra l'arrestation de Guillaume Apollinaire et de Pablo Picasso, soupçonnés de complicité de vol.

Mais pendant deux ans, toutes les recherches resteront vaines.

Et pourtant.

La Joconde n'est pas loin, elle est à Paris, dans un appartement de la rue de L'Hôpital Saint Louis, dans le Xe arrondissement, dans la chambre d'un ouvrier âgé de 31 ans, ayant travaillé au Louvre à la mise sous verre des tableaux.

Il faudra attendre le 12 décembre 1913 pour que l'affaire prenne un tournant encore plus étonnant.

Ce jour-là, un marchand d'art, Alfredo Geri, accompagné de M. Poggi, directeur de la Galerie des

Offices (le grand musée d'art florentin), se rend dans un hôtel de la ville pour y rencontrer un jeune homme, qui dans ses lettres dit s'appeler Léonard et veut lui offrir la Joconde au prix d'un demi-million de lires.

Après avoir vérifié l'authenticité du tableau de Léonard de Vinci, les deux hommes avertissent la police en sortant de l'hôtel. Léonard, de son vrai nom Vincenzo Perrugia est arrêté.

Durant son interrogatoire, celui-ci dira que le vol de Mona Lisa était un acte patriotique et que son vœu était de rendre l'œuvre à l'Italie. Cependant, il semble que l'argent en était bien le réel motif.

Avant d'être ramenée en grande pompe à Paris le 4 janvier 1914, la Joconde sera exposée à Florence, Rome et Milan.

Peruggia est condamné en Italie à une peine de prison d'un an et quinze jours, dont il ne purgera que sept mois. En mettant en avant les motifs soi-disant patriotiques de son acte, il a réussi à s'attirer certaines sympathies.

Mais à Paris, l'affaire va prendre une tournure beaucoup plus polémique.

Vincenzo Perrugia identifié comme le voleur du tableau, la police parisienne est forcée d'admettre avoir perquisitionné son domicile, comme celui de toutes les personnes ayant travaillé au Louvre au moment des faits, sans y trouver quoi que ce soit. Et pire encore…

Vincenzo Peruggia était connu des services de police et avait été fiché bien avant le vol de la Joconde. Il avait en effet été arrêté pour violences le 24 janvier 1908, à Mâcon, et sa fiche anthropométrique avait été réalisée comme il se doit.

La trace laissée sur la vitre du tableau est comparée à celles des empreintes digitales présentes sur la fiche signalétique de Vincenzo Peruggia. Cette trace correspond à son pouce gauche, confirmant ainsi qu'il était bien l'auteur du vol.

Comment expliquer qu'Alphonse Bertillon et le personnel du service de l'Identité Judiciaire ne l'aient pas retrouvé ?

Les fiches signalétiques parisiennes étaient rangées selon le classement anthropométrique ainsi qu'avec celui des empreintes de la main droite. Les empreintes de la main gauche ne faisaient pas partie de ce classement et ne pouvaient donc pas être comparées facilement.

Il aurait fallu examiner une à une chacune des 750 000 fiches présentes à l'époque dans le fichier anthropométrique parisien, pour réaliser une éventuelle identification. Il était donc quasi impossible d'identifier le voleur par une recherche classique dans les fichiers rangés selon le système d'Alphonse Bertillon.

Dans d'autres Pays, comme l'Argentine, le classement, basé uniquement sur le classement dactylaire (celui des empreintes digitales) aurait permis l'arrestation rapide de Vincenzo Peruggia.

C'était une nouvelle preuve de la supériorité des empreintes digitales sur l'anthropométrie judiciaire.

Et cette fois, Alphonse Bertillon est mis directement en cause car c'est lui qui a refusé de changer son système de classement, rendant ainsi l'identification des criminels par les empreintes digitales difficiles, voir comme ici impossible.

Le portrait parlé

Dans la pratique policière, l'identification précise d'individus inconnus est un des éléments les plus importants, notamment lors de filatures ou pour l'identification d'individus recherchés. Pour cela, il faut un système suffisamment concis et explicite.

C'est pour cette raison qu'en 1883, Alphonse Bertillon crée le « portrait parlé ». C'est un prolongement de sa description anthropométrique des individus.

Il s'agit principalement de décrire verbalement et de mémoriser avec précision les traits signalétiques du visage et les signes particuliers, tels les tatouages, les cicatrices d'une personne en usant de termes récurrents et abrégés.

Le portrait parlé est basé principalement sur l'observation du front, du nez et de l'oreille droite d'un individu, viennent ensuite les lèvres, la bouche, le menton, les contours généraux du visage, les sourcils, les paupières…

C'est une description quasi mathématique, basée sur une division tripartite : grand, moyen et petit, comme celle de son système anthropométrique.

Pour permettre aux forces de police et de gendarmerie de visualiser cette description, Alphonse Bertillon crée un album photographique, appelé DKV, regroupant plusieurs photographies servant de base à l'identification et à la description d'un individu. L'album doit son nom aux trois premières caractéristiques de l'oreille droite :

DEQ : lobe à contour descendant ou équerre ;
CAR : antitragus à profil cave ou rectiligne ;
VEX : plis inférieurs à coupe convexe.

Des formations spécifiques sont mises en place au bénéfice des fonctionnaires de police, de gendarmerie et de l'administration pénitentiaire.

Ces formations deviennent obligatoires suite à un décret de mars 1895.

L'enseignement du portrait parlé exige du temps et d'application, cependant une fois retenu il s'avère très efficace.

Ce portrait parlé sera utilisé dans les services de police parisien jusque dans les années 1970.

Photographie d'une scène de crime

Alphonse Bertillon, durant toute sa carrière, ne s'intéresse pas uniquement à l'identification des criminels, il décide également de développer l'étude des lieux d'un crime ou d'un délit.

Depuis la deuxième moitié du XIXe siècle, les forces de police ou de gendarmerie qui interviennent sur des scènes d'infraction ou de crimes réalisent des croquis et des plans et parfois, prennent quelques photographies. N'oublions pas qu'à l'époque prendre une photographie est bien plus compliqué qu'à l'heure actuelle. Les appareils sont très encombrants et les temps de pose beaucoup plus longs.

Alphonse Bertillon va systématiser l'utilisation de l'appareil photographique et en faire un nouvel outil performant qui vient compléter le croquis et le plan, voire les supplanter.

Son but est de figer les différents éléments présents sur la scène de crime, mettre en avant des indices qui n'auraient pas été pris en compte lors de la découverte de la victime et aussi permettre la reconstitution des faits lors du procès.

Il compte sur la force émotionnelle de ces photographies et leur rigueur toute scientifique pour reconstituer les événements et ainsi faire avouer les criminels devant l'horreur des faits.

Il met tout son savoir faire, technique et scientifique, pour l'élaboration de ces photographies.

C'est en s'aidant des lois géométriques de la perspective qu'Alphonse Bertillon élabore des photographies dites métriques. Ce sont des photographies entourées d'une échelle centimétrique qui permet de restituer la position du cadavre, le positionnement exact des objets, l'emplacement éventuel des armes et des indices sanglants et de reconstituer la profondeur de l'image.

En 1904, Alphonse Bertillon présente cette nouvelle technique d'élaboration des photographies métriques dans un cours destiné aux commissaires de police parisiens.

En 1907, toujours désireux d'améliorer la prise de vue sur une scène de crime, il élabore un nouvel appareil photographique, dit « plongeur ». Il s'agit d'un appareil reposant sur un trépied de plus de deux mètres de hauteur. Il permet de fixer la position du corps de la victime en prenant une photographie à sa verticale.

La photographie stéréométrique, quant à elle, découle directement de cette invention. Elle est principalement utilisée pour photographier les cadavres sur les lieux du crime. Elle est constituée de deux photographies, l'une vue d'en haut avec le « plongeur », l'autre vue du côté du profil droit du corps au niveau du sol. À partir de ces photographies et en utilisant la géométrie et les mathématiques, on peut même reconstituer un plan normé du lieu du crime.

Pour Alphonse Bertillon la photographie est primordiale pour figer une scène de crime. Mais il s'en sert également pour l'identification d'une victime inconnue. Il met en place, comme pour les individus vivants, des règles strictes permettant de photographier le corps et plus précisément le visage du mort, pour une identification ultérieure de la victime par ses familiers.

Tout au long de sa carrière, Alphonse Bertillon œuvrera pour que les forces de l'ordre prennent l'habitude d'utiliser la photographie. Il estime que tous les officiers de police doivent se munir d'un appareil photographique quand ils se rendent sur les scènes d'infraction ou de crime.

Quand, au journal télévisé, vous voyez des personnels de la police technique et scientifique photographiant les lieux d'un crime, rappelez-vous qu'il s'agit de l'héritage direct d'Alphonse Bertillon.

La « Bertillonne »

Alphonse Bertillon, en plus de vouloir photographier la scène de crime, pense également à l'intérêt des indices présents sur celle-ci et au fait d'investiguer avec des moyens techniques ou scientifiques pour faire apparaître la vérité.

Durant son activité il s'est rapidement aperçu que le transport dans de bonnes conditions des objets supportant des traces digitales est extrêmement important. Il faut éviter de casser l'objet quand il est fragile (bouteille, verre, vase,...) et surtout éviter l'effacement des traces présentes. Dans les premiers temps, les policiers avaient l'habitude d'envelopper, avec du papier ou du tissu, les objets porteurs de traces papillaires, pensant bien faire. Malheureusement, le frottement de l'emballage sur l'objet, faisait disparaître les précieux indices.

Pour résoudre ce problème, Alphonse Bertillon, en 1909, fabrique la « bertillonne », grosse valise en bois permettant le transport, par automobile et même par train, des objets fragiles supportant des traces digitales.

Elle comporte un ingénieux système de vis mobiles, de tasseaux garnis de caoutchouc permettant de fixer des morceaux de vitre, de toutes dimensions, des verres et des bouteilles.

Il s'intéresse également à l'analyse technique des traces d'effraction et démontre que l'on peut définir si un criminel a agit seul ou non. C'est ce qu'il fait en juin 1908, lors de la mort de l'agent de change Remy.

L'Affaire de la rue de la pépinière

Le dimanche 7 juin 1908, jour de la pentecôte, à huit heures du matin, un ancien financier âgé de 78 ans, Auguste Remy est retrouvé mort, dans son lit, dans son hôtel particulier du 25 rue de la pépinière, dans le VIIIe arrondissement de Paris.

Dans l'après-midi, le juge d'instruction Albanel, le chef de la sûreté Hamard et le docteur Vibert se trouvent sur les lieux et constatent que la victime a été tuée à coups de couteau. Celui-ci, un petit couteau à dessert, est retrouvé près du corps. Le mobile est le vol comme en témoigne un bureau à cylindre fracturé et des écrins à bijoux, vides, appartenant à Mme Remy, partie la veille au soir à la campagne. Au vu des constatations, le ou les assassins devaient connaître les lieux.

L'affaire fait la une des journaux, surtout qu'elle survient une semaine après la découverte d'un double meurtre impasse Ronsin à Paris, autre affaire médiatique dite « *l'affaire Steinheil* », du nom de la maîtresse du président de la République Félix Faure.

Dans l'affaire Rémy, les soupçons du magistrat en charge de l'enquête se portent sur les domestiques de la maison et surtout sur l'un d'entre-eux, Pierre Renard, maître d'hôtel, qu'il fait arrêter le 25 juin.

Les interrogatoires ne donnent rien, Renard niant toute participation aux faits.

Mais le 10 juillet 1908, coup de théâtre, une partie des bijoux volés, sont retrouvés dans le veston d'un autre domestique, Georges Courtois, un jeune homme de 18 ans.

Arrêté, Georges Courtois passe rapidement aux aveux et reconnaît sa participation au meurtre, mais accuse Pierre Renard d'en être l'auteur. Il décrit ainsi le crime : le 6 juin au soir, Pierre Renard est venu le trouver, nu, un couteau à dessert à la main. Il exigea qu'il se mette également nu et le persuada de venir l'aider à tuer leur patron. Georges Courtois était chargé d'immobiliser la victime pendant que Pierre Renard, la poignardait à plusieurs reprises.

Après l'assassinat, ils vont forcer un bureau à cylindre dans lequel ils volent notamment un étui contenant 440 francs en pièces d'or, une rivière en diamants et un collier de perles.

Malgré les aveux de Georges Courtois, le maître d'hôtel continue de nier.

Le magistrat va donc demander à Alphonse Bertillon d'examiner les traces d'effraction, notamment sur le bureau à cylindre et de dire si Georges Courtois a pu agir seul ou aidé par Pierre Renard.

Alphonse Bertillon va montrer par l'examen des traces, que l'ouverture du cylindre a été faite avec trois outils, un tamponnoir (outil servant à faire un trou avec un marteau), un ciseau de serrurier et un vieux ciseau à bois. Ce dernier instrument n'a été employé que du côté gauche du meuble, c'est celui que tenait Georges Courtois d'après ses propres aveux.

Alphonse Bertillon dans son rapport d'expertise apporte, dans une démonstration en cinq points, la preuve que ce sont bien deux personnes qui ont ouvert le bureau à cylindre.

Les cinq points sont les suivants :

- 1- c'est le tamponnoir, seul outil assez mince, qui a servi au début de l'effraction ;

- 2- le cylindre soulevé par un côté s'est coincé ;

- 3- pour éviter le coincement, il a fallu maintenir le parallélisme des pesées en travaillant des deux côtés à la fois et que le mauvais ciseau à bois a été appliqué à gauche, pendant que le ciseau de serrurier était appliqué à droite ;

- 4- si Georges Courtois avait opéré seul en tenant un instrument de chaque main, le bureau aurait basculé, même si l'on avait essayé de le caler contre un mur ;

- 5- si le bureau avait été préalablement couché à terre pour éviter le mouvement de bascule, le contenu des tiroirs aurait été renversé, ce qui n'a pas été observé lors des constatations.

Alphonse Bertillon démontre donc que Georges Courtois n'a pas pu commettre seul l'effraction mais que Pierre Renard l'a aidé comme le jeune domestique l'a avoué.

Lors des deux procès, celui de février 1909 et celui de juin 1909 (Pierre Renard fit appel de sa première condamnation), l'expertise d'Alphonse Bertillon est vivement contestée, car elle est l'une des rares preuves à charge contre Pierre Renard, qui ne cesse de crier son innocence.

L'avocat de ce dernier, Maître Monira, pour remettre en cause l'expertise d'Alphonse Bertillon, n'hésite pas à mentionner la faillite de celui-ci dans l'affaire Dreyfus, rappelant la conclusion des trois experts, dont Henri Poincaré, mandatés pour vérifier l'hypothèse de Bertillon : *« L'absurdité du système Bertillon est si évidente qu'on s'expliquera difficilement la longueur de cette discussion »*.

Malgré cela, l'expertise d'Alphonse Bertillon pèse lourdement contre Pierre Renard qui est condamné aux travaux forcés à perpétuité, dans les deux procès.

Georges Courtois lui, est condamné à 20 ans de travaux forcés. Il meurt quelques mois après le premier procès à l'infirmerie du pénitencier de Saint Martin de Ré.

Suite à cette affaire, Alphonse Bertillon fait construire, en 1910, un dynamomètre d'effraction destiné à mesurer la force déployée par un criminel pour obtenir la trace d'effraction obtenue et ainsi mieux interpréter la scène de crime.

Ce dynamomètre, même s'il ne fut utilisé que de manière exceptionnelle, permit de résoudre une des plus importantes affaires criminelles survenue en 1911. Mais celle-ci est littéraire.

L'assassinat de la marquise de Langrune

Dans le premier épisode de la série des « *Fantomas* » de Pierre Souvestre et Marcel Allain, intitulé *« Fantomas »*, l'inspecteur Juve se sert du dynamomètre d'Alphonse Bertillon pour confondre Fantomas lui-même. Cela nous permet également une plongée dans le service de l'Identité Judiciaire de la préfecture de police de Paris.

Nous sommes en 1911, au lendemain d'une soirée avec des amis, la marquise de Langrune est retrouvée, assassinée dans sa chambre, la gorge tranchée. Un petit secrétaire fracturé, les tiroirs ouverts, témoignent qu'il y a eu vol.

Peu de temps après, à Paris, au Royal-Palace hôtel, deux délits sont commis. Le premier dans la chambre de la baronne Van Den Rosen, le cambrioleur fracture plusieurs meubles et dérobe une rivière de diamants et le deuxième, dans la chambre de la princesse Sonia Danidoff. Là, c'est un portefeuille contenant la somme de 120 000 francs qui est volé.

L'inspecteur Juve, de la sûreté parisienne est en charge de ces trois affaires. Lors de l'examen de la scène de crime et des chambres de l'hôtel Royal-Palace, le policier prélève des échantillons de bois des tiroirs fracturés. À l'aide du dynamomètre d'Alphonse Bertillon, il détermine la force exacte de l'individu qui a employé les instruments d'effraction.

Lors de son enquête, Juve soupçonne un certain Charles Rambert qui a disparu après le meurtre de la marquise de Langrune. Retrouvé au Royal-Palace hôtel alors qu'il est déguisé en femme, Juve le conduit à la préfecture de police de Paris :

« ... Un homme, un employé du service de l'anthropométrie, accourait se mettre aux ordres de Juve :

- Qui me demande ? fit-il.

- Moi !

- Ah ! monsieur Juve ! Et vous amenez du gibier ?

- Je ne vous demande point, Hector, de rechercher la fiche de mon compagnon, mais d'opérer, et de façon très minutieuse, les mensurations nécessaires à l'établissement de cette dernière...

....- Allons ! à la toise, d'abord...

Et comme le jeune homme s'avançait, il l'interpella :

- Fais pas le malin, hein ?... Pas besoin d'avoir l'air d'ignorer le mouvement... déchausse-toi...

Charles Rambert s'exécuta, passa sous la toise, puis à l'invitation de l'employé se laissa successivement badigeonner les doigts d'encre grasse pour les empreintes des mains, puis photographier de face et de profil, puis, en dernier lieu, mesurer l'épaisseur de la tête de l'une à l'autre oreille au moyen d'un compas de forme spéciale.... »

Puis le policier l'escorte dans une pièce particulière, le cabinet des recherches dynamométriques :

« Des planches de bois de différentes formes, d'épaisseurs variables, de qualités diverses, étaient rangées le long du mur ou traînaient sur le sol ; dans des vitrines, des plaques de métal, longues de cinq à six centimètres, épaisses plus ou moins, s'échafaudaient en piles.

Juve, ayant soigneusement fermé la porte, avisait le jeune Charles Rambert.

- Parbleu ! tu te demandes pourquoi je t'amène ici ? Tout en parlant, Juve s'était débarrassé de son chapeau, puis, avisant une sorte de petite table assez haute, l'avait dégagée de sa housse grise.

Le meuble était constitué par une sorte de bâti métallique, vissé sur un robuste trépied et constitué par un plateau inférieur, mobile d'avant en arrière, tandis que deux parties latérales en forme d'arc-boutant et une traverse d'acier fortement boulonnée formaient la partie supérieure. Cette charpente supportait deux dynamomètres que commandait un mécanisme ingénieux.

Juve, regardant Charles Rambert :

- Cela, c'est le dynamomètre d'effraction du docteur Bertillon, chef du service de l'anthropométrie où nous nous trouvons. Je vais m'en servir pour vérifier tout de suite si tu es, oui ou non, digne d'un peu d'intérêt...

Juve glissait dans une encoche spécialement préparée une mince planchette de bois qu'il avait été soigneusement choisir dans un des tas de matériaux disposés le long de la muraille. Il tirait d'un coffre un outil que Charles Rambert, mêlé depuis quelque temps au monde de la pègre, reconnaissait être une pince-monseigneur.

- Prends cela ! disait Juve.

Et le policier ajoutait :

- Introduis cette pince-monseigneur dans cette rainure et appuie de toute ta force... Si tu arrives à faire varier l'aiguille jusqu'à un point que je connais et qui est dur à atteindre, je l'avoue, mais pas

impossible, tu pourras te féliciter d'avoir de la veine…

Stimulé par l'encouragement du policier, Charles Rambert appuyait de toutes ses forces sur le levier… inquiet de ne point être assez vigoureux.

Juve arrêtait bientôt son effort :

- Ça va ! dit-il…

Et, remplaçant la plaquette de bois qu'il avait disposée dans l'appareil par une plaquette de tôle, tendant un autre outil au jeune homme :

- Recommence ! ordonna-t-il.

Quelques secondes après, Juve, à la loupe, examinait et le morceau de bois et le morceau de tôle… Il avait un petit claquement de langue satisfait :

- Charles Rambert, dit-il, je crois que nous allons faire de la bonne besogne ce matin… Le nouvel appareil du docteur Bertillon est une invention utile ! … »

« Sapristi, répondait Juve, tu protestes comme si tu tenais à l'avoir fait, ce coup !… Eh bien ! petit, c'est exactement la même histoire que pour l'affaire du Royal-Palace. L'assassin de la marquise de Langrune a fracturé les meubles, le dynamomètre de M. Bertillon établit nettement que tu n'aurais pas été assez fort pour causer de tels dégâts… »

Juve en poursuivant son enquête découvre le véritable criminel, un certain Gurn, qu'il reconnaît comme étant l'insaisissable Fantomas. Arrêté, il est jugé par la cour d'assises de Paris.

Au cours du procès, l'inspecteur Juve témoigne :

« Messieurs, j'établis d'abord ceci : l'assassin de la marquise de Langrune, le voleur de Mme Van den Rosen et Sonia Danidoff est un seul et unique personnage.

Cela résulte, d'une manière incontestable, des pesées relevées dans ces deux affaires, mesurées au dynamomètre d'effraction du Dr Bertillon, instrument d'une précision extrême et qui prouve nettement que le même individu a opéré dans les deux cas. »

Fantomas déclaré coupable et condamné à mort échappera à la guillotine en s'évadant de prison, mais ceci est une autre histoire.

LACASSAGNE
la criminologie et la médecine légale moderne

La médecine légale moderne

De 1885 à 1914, Lyon fut la capitale de la criminologie française. L'une des personnes à qui l'on doit cette renommée est le docteur Alexandre Lacassagne, professeur titulaire de la chaire de médecine légale.

C'est lui qui développe la médecine légale à Lyon et en fait un pôle d'excellence. Il s'entoure de différents spécialistes, chimistes, toxicologues pour apporter des avancées importantes dans la résolution de certaines grandes affaires criminelles.

Il fait de l'examen médical et plus particulièrement de l'autopsie, un passage obligé et primordial de l'enquête judiciaire.

Il ne s'intéresse pas uniquement à la détermination de la cause du décès mais à la totalité des indices présents sur la scène de crime, comme l'utilisation des diverses traces retrouvées sur celle-ci.

Il développe de nouveaux concepts comme ceux de la rigidité et des lividités cadavériques qui permettent une meilleure interprétation de la date du décès et de déterminer si le corps a pu être bougé ou non.

Mais Alexandre Lacassagne devient également célèbre dans un autre domaine, celui de la criminologie.

Son grand intérêt pour la psychologie des criminels lui permet de discuter avec nombre d'entre-eux. Il leur demande même de faire, en prison, leurs autobiographies. Ces premières études pourraient bien préfigurer celles qu'effectueront les premiers profileurs du F.B.I. dans les années 1970.

Ces rencontres font de lui l'un des fondateurs de la criminologie française et l'un des opposants à Cesare Lombroso, célèbre criminologue italien qui avait développé la théorie du criminel-né.

Alexandre Lacassagne, lui, va développer la théorie selon laquelle la société influe sur le comportement du criminel.

Il en est venu à écrire son aphorisme le plus célèbre :

« Le milieu social est le bouillon de culture de la criminalité ; le microbe c'est le criminel, un élément qui n'a d'importance que le jour ou il trouve le bouillon qui le fait fermenter. Les sociétés ont les criminels qu'elles méritent ».

Alexandre Lacassagne, sera reconnu comme un des meilleurs experts légistes de France et fut requis sur plusieurs affaires médiatiques et retentissantes de la Belle Époque.

L'examen des projectiles d'arme à feu, les premiers pas de la balistique

Alexandre Lacassagne est l'un des premiers médecins légistes à s'intéresser aux traces d'armes à feu et à vouloir faire le lien entre un projectile et une arme.

La plupart des armes à feu présentent sur l'intérieur du canon des rayures hélicoïdales (excepté les fusils de chasse). Ces rayures permettent de faire tourner le projectile sur lui-même et ainsi d'augmenter sa vitesse et de lui donner une trajectoire plus précise.

Ces rayures et les traces laissées lors de la fabrication du canon sont équivalentes aux empreintes digitales. Chaque arme peut ainsi être caractérisée par les rayures de son canon.

Un projectile, dont le diamètre est légèrement supérieur à celui du canon, pour qu'il puisse pénétrer en force et se mettre à tourner sur lui-même, tiré par une arme à feu, porte à sa surface ces mêmes traces et peut être ainsi relié à l'arme.

En février 1888, deux affaires, traitées à peu de temps l'une de l'autre, illustrent ces premières observations qui permettront non seulement la condamnation des criminels mais serviront de base à l'élaboration de la balistique moderne.

L'affaire Mazuyer

Le 22 février 1888, à 7 heures du matin, Pierre Burel, âgé de 71 ans, est retrouvé mort dans sa propriété de Chassagny, près de Givors, par un certain

Gilibert, parent du défunt. Il est étendu près de la porte d'entrée entrebâillée, appuyé sur le côté gauche et encore coiffé de son chapeau. Ses vêtements ne sont pas en désordre. Dans la maison, le lit est défait, les volets fermés et rien ne semble avoir bougé.

Le médecin appelé à la rescousse, croit d'abord à une mort naturelle. Cependant, lors de ses premières constatations, il remarque que le manteau de la victime présente de larges brûlures au niveau de la poitrine et y découvre également des blessures par arme à feu.

Les policiers arrivés sur les lieux de ce qui est maintenant un crime, remarquent que, bien qu'une somme de 100 francs en or ait été laissée en évidence, tous les meubles ont été fouillés et certaines valeurs et argent ont disparu.

Le juge nommé sur cette affaire, désigne Alexandre Lacassagne pour réaliser l'autopsie de la victime. Le médecin légiste, durant ses examens, met en évidence deux blessures par arme à feu :

- la première au-dessus du sein gauche, dirigée vers le bas et qui a traversé le cœur droit et le lobe gauche du foie ;

- la seconde, située sur la face postérieure de l'avant-bras droit, proche du poignet.

L'examen des vêtements permet de préciser que les tirs ont eu lieu à courte distance. En effet, les bords de chaque orifice d'entrée des projectiles sont brûlés à cause de la flamme émise par l'extrémité du canon de l'arme au moment des tirs.

Les projectiles sont extraits du corps et le calibre de chacun d'eux mesuré. Celui provenant du thorax, n'est quasiment pas abîmé et mesure 7 mm de diamètre, la seconde balle, plus petite est un peu déformée.

Alexandre Lacassagne examine soigneusement ces projectiles et compte 7 rayures sur le pourtour du premier d'entre-eux alors que le second, n'en a pas, preuve qu'il n'était pas entré en force, comme il se doit, dans le canon de l'arme, vu son plus faible diamètre.

Le médecin légiste fait alors appel à Charles Jeandet, employé de la société Verney-Caron, célèbre fabricant d'armes de chasse, pour l'éclairer sur ces projectiles.

Celui-ci détermine l'origine de l'arme du crime. A l'époque, la seule arme qui disposait d'un canon avec 7 rayures est un revolver de marque « COLT », de calibre 32 américain, proche du calibre 8 mm français.

L'enquête de police qui n'a pas permis d'identifier un quelconque suspect, connaît un rebondissement quand, un homme se présente au guichet de la Caisse d'Epargne de Givors avec le livret de compte du défunt Burel, pour retirer de l'argent. Le caissier soupçonneux, appelle la police. Au moment de son arrestation, l'individu dit se nommer Mazuyer et être gardien de la paix,

Lors de la perquisition de son domicile, on retrouve son revolver d'ordonnance et un deuxième revolver d'origine belge, contrefaçon identique au revolver de marque « COLT », de calibre 32, ainsi que des munitions.

Alexandre Lacassagne est à nouveau nommé par le juge d'instruction sur une seconde expertise, avec l'aide de Charles Jeandet, pour préciser si l'arme retrouvée au domicile du suspect peut être celle utilisée lors des faits.

C'est ainsi que les 18 et 21 avril 1888, au laboratoire de médecine légale de la faculté de médecine de Lyon, des tirs de comparaison ont lieu avec l'arme et les munitions saisies.

Un premier tir est effectué sur le cadavre d'un homme d'un âge proche de celui de la victime. Des morceaux de tissus sont placés sur le corps au niveau du cœur ainsi qu'un fragment du manteau de la victime, pour reconstituer la couche de vêtements présente sur Pierre Burel au moment des faits.

Le tir est effectué à courte distance. À cause de la proximité de l'arme, le morceau d'étoffe s'enflamme et il faut l'éteindre. Malheureusement la balle va se loger dans la colonne vertébrale et est totalement déformée. Aucun examen de comparaison ne peut être réalisé.

Un autre tir est effectué dans la poitrine, malgré une légère déformation les experts peuvent mettre en évidence les 7 rayures, qui selon Charles Jeandet, sont identiques en largeur à celles présentes sur le projectile retiré du corps de Pierre Burel.

Deux autres projectiles sont tirés sur un second cadavre et les résultats confirment les premières constatations.

Les conclusions des deux experts sont formelles : l'arme et les munitions utilisées lors d'un tir à courte distance enflamment le manteau de la victime et les projectiles tirés par celle-ci présentent des rayures analogues à celles retrouvées sur la balle ayant traversé le cœur de la victime. C'est bien l'arme de Mazuyer qui a été utilisée pour tuer Pierre Burel.

Au vu des nombreuses charges qui pesaient sur lui en plus de cette expertise, Mazuyer est condamné à mort.

L'affaire Echallier

Le 23 février 1888, à 8 heures du soir, Claude Moiroud, âgé de 78 ans, habitant le village de Saint Romain au Mont d'Or, près de Lyon, frappe à la porte de l'un de ses voisins. À peine la porte ouverte, il s'effondre. Couvert de sang, il porte plusieurs blessures : quatre au crâne faites par un objet contondant et trois plaies par balle, l'une à la partie antérieure du cou (au niveau du larynx), la deuxième à la naissance de l'épaule gauche et la dernière, au bas du flanc gauche vers l'arrière.

Le docteur Lacassagne est requit pour examiner la victime qui a été transportée à l'hôpital. Son diagnostic est funeste et confirmé six jours plus tard, quand Claude Moiroud meurt de ses blessures. Ses seuls mots pour décrire son assassin sont « grand seize ans ».

À la demande du juge d'instruction, Alexandre Lacassagne réalise l'autopsie de la victime le 2 mars 1888 à Saint Romain.

L'observation visuelle des vêtements met en évidence des traces de brûlures au niveau de deux orifices, ceux du cou et du flanc gauche, dénotant des tirs à courte distance.

L'examen des blessures du crâne permet au médecin légiste de préciser qu'elles ont été faites avec un marteau.

Quant aux trois projectiles, ils sont extraits facilement du corps de Claude Moiroud. Alexandre Lacassagne est surpris de la faible pénétration des projectiles du cou et du flanc alors que ces tirs ont eu lieu à courte distance.

Un examen plus approfondi de ces trois balles fait apparaître sur celles-ci une même déformation en forme de gouttière. Cette déformation lui parait d'autant plus caractéristique que le projectile trouvé dans le larynx, n'ayant pourtant rencontré aucun corps dur, présente également cette déformation.

Selon lui, cette déformation ne peut provenir que de l'arme. Il doit s'agir d'une saillie irrégulière présente dans le canon de celle-ci et qui imprime cette déformation sur le projectile au moment de sa sortie du canon.

C'est, pour Alexandre Lacassagne, un signe d'identité spécifique de l'arme.

L'enquête de police identifie un suspect. En effet, interrogé par les policiers, un témoin affirme avoir vu la petite amie d'un certain Echallier, cacher une arme chez elle. Lors de la perquisition du domicile de celle-ci, un revolver et des munitions sont retrouvés. Lors de son interrogatoire, Echallier reconnaît avoir eu cette arme entre les mains.

Mandaté par le juge d'instruction pour un examen de l'arme, Alexandre Lacassagne fait de nouveau appel à Charles Jeandet de la société Verney-Carron. Lors de l'examen visuel, les experts remarquent que le revolver présente une particularité singulière : le guidon, situé à l'extrémité du canon et servant à la visée, fait saillie à l'intérieur de celui-ci d'une façon anormale. Cette saillie est très vraisemblablement à l'origine des déformations présentes sur les projectiles extraits de la victime.

Le docteur Lacassagne décide de procéder à des tirs de comparaison pour vérifier cette hypothèse, au laboratoire de médecine légale, avec le revolver et les munitions retrouvés lors de la perquisition du domicile de la petite amie d'Echallier.

Pour se placer dans les conditions les plus proches des faits, deux tirs de comparaison sont effectués sur le cadavre d'un homme âgé de 80 ans, l'un au niveau du cou, l'autre au niveau du haut de l'épaule gauche. Les zones visées sont préalablement recouvertes de tissus, simulant ainsi l'épaisseur des vêtements de la victime au moment des faits.

Les projectiles extraits sont comparés à ceux prélevés sur la victime. La ressemblance est telle que l'on peut presque les confondre. La gouttière est présente sur tous les projectiles et, à la loupe, elle présente les mêmes dimensions et les mêmes traces de déformation que celles observées sur les balles retrouvées dans le corps de la victime. L'arme saisie au domicile de la petite amie d'Echallier est bien celle utilisée pour commettre le crime.

Lors du procès, la démonstration d'Alexandre Lacassagne devant la cour d'assises est tellement impressionnante qu'elle entraîne la conviction du jury et Echallier est condamné aux travaux forcés à perpétuité.

Alexandre Lacassagne, voyant l'intérêt de l'examen des projectiles d'armes à feu dans le cadre judiciaire, propose à l'un de ses étudiants, Félix

Benoît, d'effectuer sa thèse sur la déformation des projectiles dans les tissus et ses applications médico-légales.

Cependant, il faudra attendre 1913, pour qu'un autre médecin légiste, parisien celui-là, Victor Balthazard, démontre que les machines-outils utilisées pour fabriquer les canons des armes ne laissent jamais exactement les mêmes marques de rayures intérieures.

Les armes sont donc distinguables les unes des autres.

Poursuivant son étude des armes à feu, il s'intéresse aux traces laissées par l'arme non pas sur le projectile mais sur l'étui percuté.

Une cartouche d'arme à feu est constituée d'un étui (également appelée douille), contenant la poudre et une amorce qui se trouve à sa base, dans lequel vient s'insérer un projectile.

Les traces que l'on retrouve sur cet étui peuvent provenir :

- du percuteur, qui, au moment du tir, vient frapper la cartouche au niveau de l'amorce, créant l'explosion de celle-ci et la mise à feu de la poudre ;

- de l'extracteur et de l'éjecteur, pièces de l'arme qui permettent l'enlèvement de l'étui percuté après le tir autorisant ainsi l'introduction d'une nouvelle cartouche et la réalisation d'un nouveau tir.

Pour cela, il utilisera des agrandissements photographiques pour réaliser l'examen et la comparaison des projectiles et des étuis.

La balistique moderne est née.

La malle sanglante de Millery : l'autopsie à l'honneur

Cette histoire commence le 29 juillet 1889, quand un certain monsieur Landry, se présente au commissariat de police du quartier de Bonne-Nouvelle, dans le Xe arrondissement de Paris.

Il vient faire part de la mystérieuse disparition de son beau-frère, l'huissier Toussaint-Augustin Gouffé.

La police ouvre alors une enquête, mais sans véritables indications, elle piétine. Il faudra attendre le 13 août pour que l'enquête prenne une autre tournure. Ce jour-là, le cadavre d'un homme est retrouvé, sur la commune de Millery, près de Lyon.

Le cadavre est placé dans un sac en toile cirée et il se trouve dans un état complet de putréfaction. De plus, le cantonnier qui découvre le corps, a retiré le sac du fossé avec un trident, abîmant encore plus le corps de la victime.

Un médecin légiste expert venu de Lyon accompagne le juge d'instruction sur les lieux de la découverte. Les premières constatations permettent uniquement de dire qu'il s'agit du corps d'un homme, sans aucun papier sur lui pour permettre une identification. Non loin de la victime on découvre également une petite clé.

La police fait le rapprochement avec la disparition de l'huissier Gouffé et fait venir son beau-frère à Lyon pour identifier le corps.

Malheureusement il en est incapable, le corps étant totalement méconnaissable.

Le 15 août, à quelques kilomètres des lieux de découverte du corps on retrouve une grande malle brisée. Les policiers s'aperçoivent que la clé découverte près de la victime s'adapte à la serrure de celle-ci.

L'examen de la malle met en évidence la présence d'une étiquette de voyage d'un train en provenance de Paris en date du 27 juillet 1889, soit le lendemain de la disparition de l'huissier.

Le juge d'instruction parisien Dopffer, en charge du dossier Gouffé décide alors par deux missions d'expertise en date des 19 décembre 1889 et 20 février 1890 de charger le docteur Lacassagne d'une nouvelle autopsie de la victime. À la demande de ce dernier, il lui fournit tous les renseignements utiles sur le disparu aux fins de comparaison.

Pour réaliser son autopsie, Alexandre Lacassagne réclame le corps de l'huissier, mais, à la stupéfaction générale, le corps non identifié a été jeté dans la fosse commune car non réclamé à la morgue.

Pas de corps, pas d'expertise et l'affaire est close.

Heureusement, un employé de la morgue a marqué le cercueil avant son inhumation. Le cercueil retrouvé, le légiste va pouvoir réaliser une autopsie extrêmement complète et celle-ci durera au total huit jours.

Parmi les éléments demandés par le docteur Lacassagne, figurent les rapports du médecin personnel de Toussaint-Augustin Gouffé, une brosse à cheveux prise chez l'huissier, le dessin de la conformation de la tête de ce dernier, ou diagramme, remis par son chapelier ainsi que certains des effets personnels du disparu.

Première étape de l'expertise : il est nécessaire de nettoyer le corps pour enlever toutes les parties molles et ne garder qu'un squelette. Puis Alexandre Lacassagne effectue un examen complet de celui-ci et procède à toutes les comparaisons possibles avec les informations obtenues sur l'huissier Gouffé.

C'est une autopsie modèle que réalise Alexandre Lacassagne.

Dans les conclusions de son rapport d'expertise, en date du 11 avril 1890, celui-ci mentionne 13 points de correspondance entre le corps découvert près de Millery et l'huissier :

- l'âge de celui-ci était de 49 ans, celui du corps est estimé entre 45 et 50 ans ;

- la taille, 1m78 pour Gouffé et 1m785 obtenu par la mesure des os longs du bas et du haut du squelette ;

- le poids du cadavre doit avoir le même poids que celui de Gouffé ;

- l'examen des cheveux, physique et micrographique, montre une correspondance complète entre les cheveux du cadavre et ceux retrouvés sur la brosse de l'huissier disparu ;

- tout jeune, Gouffé a été blessé à la cheville droite. L'examen du cadavre révèle que celui-ci a eu entre 3 et 8 ans une arthrite du pied droit ;

- le cadavre présente une hydarthrose (production excessive de liquide dans une articulation) du genou droit comme l'huissier ;

- Gouffé avait la jambe droite plus faible que la gauche. Les examens du corps prouve une diminution de volume de la jambe droite ;

- la victime avait de la goutte au pied droit. Le corps présentait des traces de rhumatisme chronique au même endroit ;

- la dentition du cadavre et celle de Gouffé sont absolument identiques ;

- la mesure du diagramme de la tête de Gouffé donné par son chapelier est semblable à celle prise sur le crâne du cadavre ;

- les examens autopsiques ont montré que le sujet était droitier, comme Gouffé ;

- les vêtements de Gouffé, notamment ses chaussures faites à façon, sont en accord avec le corps découvert dans la malle ;

Quant aux causes du décès : le larynx présente des fractures du cartilage thyroïde correspondant à une strangulation.

L'expert est formel, le corps découvert à Millery est bien celui de l'huissier Toussaint-Augustin Gouffé et la cause de la mort est la strangulation.

Du côté des enquêteurs, l'affaire avance à grands pas. La malle sanglante a été reconstruite à l'identique et le 21 décembre 1889, elle est reconnue par un marchand londonien, qui donnera aux policiers venus de France pour l'interroger les noms des acheteurs, Michel Eyraud, un escroc notoire également connu pour violences conjugales, et une femme Gabrielle Bompard. Tous deux en fuite à l'étranger.

Le 22 janvier 1890, Gabrielle Bompard, se rend dans un commissariat de police à Paris et accuse son ex-amant, Michel Eyraud, d'être l'assassin de Gouffé. Eyraud, recherché, sera arrêté à Cuba et écroué à Paris le 30 juin 1890.

Les faits sont reconstitués grâce au témoignage de l'ex-amante. Eyraud qui avait lié connaissance avec l'huissier, voulait le voler et s'était servi de Gabrielle Bompard comme appât.

Arrivé dans l'appartement de Gabrielle, l'huissier s'était rapidement retrouvé pendu à une corde après un jeu amoureux.

Pendant que celle-ci était restée avec la victime, Michel Eyraud avait visité l'étude de l'huissier, mais n'avait pas trouvé l'argent.

Le lendemain de l'assassinat, Michel Eyraud et Gabrielle Bompard étaient partis pour Lyon, où ils firent disparaître le cadavre en jetant la malle près de Millery.

C'est le 16 décembre 1890 que s'ouvre devant la cour d'assises de la Seine, le procès de Michel Eyraud et de Gabrielle Bompard.

Un des points importants du dossier, rapporté par Maître Henri Robert, avocat de Gabrielle Bompard, est la manière dont est mort l'huissier.

Dans sa plaidoirie, il utilisera le rapport médico-légal de l'expert ainsi que son témoignage durant les assises. Car selon Alexandre Lacassagne, la victime a été étranglée et n'est pas morte par pendaison comme dans le récit de sa cliente.

Pour maître Henri Robert, le jeu amoureux avec Gabrielle Bompard n'a pas été mortel, mais c'est Michel Eyraud qui a étranglé la victime inconsciente.

Le 20 décembre, le verdict tombe : Michel Eyraud est condamné à mort.

Il est guillotiné le 3 février 1891, place de la roquette à Paris, par le bourreau Deibler.

Gabrielle Bompard, grâce à son avocat, évite la peine de mort et est condamnée à 20 ans de travaux forcés. Elle sera graciée en 1903.

L'affaire de la malle sanglante de Millery est la première grande affaire de ce type et sera très médiatisée.

Quant à l'expertise réalisée par Alexandre Lacassagne c'est un modèle du genre et elle restera longtemps comme l'exemple d'autopsie à réaliser par tout bon médecin légiste.

Il a su montrer qu'une autopsie parfaitement réalisée peut apporter des éléments extrêmement importants dans une enquête judiciaire : l'identification d'une victime inconnue et la détermination des causes de la mort.

L'affaire de la Villette

En cette fin de XIXe siècle, les voleurs ou assassins peuvent abandonner ou perdre différentes choses sur la scène de crime, sans véritable danger.

Mais la plus curieuse d'entre-elles, assez fréquente, se trouve être des débris organiques. En vertu d'une croyance celte encore vivace à cette époque, tant qu'une partie d'un criminel reste sur le lieu de son méfait, offrande au destin d'un sacrifice personnel, celui-ci ne sera pas pris.

Les sacrifices sont modestes, parfois il laisse un ongle coupé, parfois des cheveux, mais beaucoup plus ordinairement des fèces, que certains nomment « une carte de visite odorante ».

Alexandre Lacassagne et d'autres se serviront de cette croyance pour la retourner contre ses adeptes. L'histoire suivante en est le plus bel exemple.

Le 22 décembre 1898, au 14 rue de la Villette à Lyon, une veuve, madame Foucherand, tenancière d'un modeste petit café, est découverte assassinée.

Au domicile de la victime, le médecin légiste, en présence du procureur de la République et du commissaire de police de Villeurbanne, procède aux premières constatations.

La victime est allongée sur le sol de la première pièce de la maison. À gauche, près du corps, une bouteille vide, ensanglantée. Tout autour du corps, une grande quantité de sang, on voit même des projections sur le chambranle de la porte qui mène à la chambre. Celle-ci est en grand désordre, l'armoire et le placard sont vidés et sur le drap du lit non défait, on retrouve de la matière fécale.

Cet amas est recueilli pour examen.

Le corps de la victime est transporté le jour même au laboratoire de la faculté de médecine de Lyon où le docteur Lacassagne procède à l'autopsie. Dans les conclusions de son rapport d'expertise, le praticien met en évidence que la veuve Foucherand a été tuée par deux agresseurs :

- l'un des deux, soit pour étouffer les cris de la victime, soit pour la maintenir au sol, a appuyé les genoux sur la poitrine de la défunte et a ainsi fracturé les côtes et produit les ecchymoses au poignet ;

- le second, a frappé la victime avec la bouteille retrouvée près de celle-ci, sur le côté droit du crâne. Le côté gauche, appuyé sur le parquet a été fracturé par contre-coup.

Aucune empreinte digitale n'a été retrouvée sur la bouteille saisie à proximité de la victime.

Alexandre Lacassagne procède également à l'examen du bloc fécal présent sur le lit. Après l'avoir pesé, les matières sont observées minutieusement. Le médecin remarque dans l'échantillon la présence d'oxyures vermiculaires, des petits vers blancs, parasites du tube digestif humain.

De leur côté les policiers lyonnais, après une rapide enquête portent leurs soupçons sur une bande de jeunes malfaiteurs, des « *apaches* », dont les chefs sont Nouguier et Gaumet. Ceux-ci écument la ville en commettant un certain nombre de vols avec effraction.

Quelques jours après la découverte de la victime, trois membres de cette bande d'« *apaches* » sont arrêtés. Lors des interrogatoires, l'un deux, Barrel, fait des aveux et accuse leurs chefs Nouguier et Gaumet d'avoir commis le crime, lui et ses deux compères n'ayant que participé au vol.

Gaumet est arrêté à Saint Étienne. Il y est dénoncé par un tenancier d'une maison de tolérance dans laquelle il est en train de dilapider le butin de son dernier vol. L'arrestation est mouvementée puisqu'il y a échange de coups de feu avec les forces de police. Nouguier, lui, est arrêté à Lyon, en flagrant délit, l'arme au poing, juste avant de commettre un nouveau vol avec violences.

Interrogés, les deux individus nient farouchement leurs implications dans le meurtre de la veuve Foucherand.

Puis, coup de théâtre, les aveux de Barrel et consorts se modifient. La bande n'accuse plus que Nouguier, qui ayant un lourd passé criminel, peut difficilement être défendu. Gaumet, lui, moins défavorablement connu des services de police peut espérer une peine plus légère, voire l'acquittement. Nouguier pour défendre son complice endosse la responsabilité du crime.

Dans les premiers jours de janvier 1899, Alexandre Lacassagne, aidé par le professeur Lortet, doyen de la faculté de médecine et chargé de l'enseignement de la parasitologie, demande à examiner les selles de l'ensemble de la bande d'« *apaches* » pour y rechercher la présence d'oxyures vermiculaires.

Dans un premier temps, les seaux hygiéniques mis à disposition des détenus dans les cellules sont examinés méticuleusement. Malheureusement, les prisonniers n'hésitent pas à jeter dans ces seaux, des morceaux de pains ou des restes alimentaires rendant les recherches de parasites impossibles.

Alexandre Lacassagne décide alors de faire des prélèvements, directement à la source, en faisant des « cueillettes » sur l'anus des détenus. Ces prélèvements sont répétés trois jours de suite et les résultats sont sans appel. Un seul détenu, Gaumet, présente des oxyures vermiculaires dans ses selles. Il était donc bien présent sur la scène de crime contrairement aux derniers aveux de la bande.

Le procès a lieu devant la cour d'assises du Rhône le 2 décembre 1899. L'expertise d'Alexandre Lacassagne convainc les jurés de la culpabilité des deux chefs de bande et après délibération du jury, Nouguier et Gaumet sont condamnés à être guillotinés.

L'exécution a lieu le 10 février 1900.

Lors de la toilette qui précède l'exécution, Gaumet demande à s'entretenir avec Alexandre Lacassagne. Il lui exprime toute son admiration pour l'expertise qu'il a réalisée et reconnaît que ses conclusions sont exactes et pour lui prouver qu'il ne lui en veut pas, il lui demande de faire préparer son squelette et de le garder auprès de lui.

C'est pour cela que pendant des années, il orna l'entrée du bureau du médecin légiste. Sur l'une des vertèbres de ce squelette on pouvait remarquer une marque rouge signalant l'endroit où frappa la lame de la guillotine.

Après la mort d'Alexandre Lacassagne, le squelette de Gaumet, vint compléter le musée du laboratoire de police scientifique d'Edmond Locard, élève du docteur Lacassagne.

De nos jours, ce squelette est visible dans la collection criminalistique de l'École Nationale Supérieure de la Police (ENSP) à Saint Cyr au Mont d'or. Musée que l'on peut visiter virtuellement sur le site de l'ENSP ou pour les plus chanceux, lors d'une des journées du patrimoine.

L'entomologie et la datation des cadavres

Pour remplir ses missions d'expertise et en fonction des besoins, nous avons vu qu'Alexandre Lacassagne s'entoure de différents spécialistes : parasitologue, armurier, ...

En 1896, nommé sur une affaire de disparition, il élargit le champ d'application de la médecine légale en faisant appel à un entomologiste pour dater des ossements retrouvés en pleine forêt.

En cette fin de XIXe siècle, l'utilisation de l'entomologie à des fins médico-légales, pour déterminer la date d'un décès, s'est développée depuis quelques années déjà.

On attribue la première utilisation de cette méthode au docteur Bergeret, en 1850, à Arbois dans le Jura. Celui-ci étudia les insectes présents sur le corps d'un nouveau-né découvert dans une habitation, caché derrière une cheminée. Même s'il se trompa sur la date de la mort, ce fut le début d'une recherche sur l'apport des insectes dans la résolution des affaires criminelles.

La naissance de l'entomologie médico-légale est attribuée à Jean-Pierre Mégnin (1828-1905), entomologiste au Muséum National d'Histoire Naturelle de Paris.

Après avoir longtemps travaillé sur le rôle des insectes dans le processus de décomposition des corps, il rédige en 1894, un ouvrage intitulé « *La Faune des cadavres* » qui servit longtemps de référence.

Un corps en décomposition est très riche en ressources nutritives ce qui attire un grand nombre d'espèces d'insectes qui vont proliférer très rapidement sur le cadavre. Certains d'entre-eux sont attirés très tôt sur le corps, d'autres plus tardivement, c'est ce principe de vagues ou escouades d'insectes nécrophages que définit Jean-Pierre Mégnin dans son ouvrage.

Il y emploie également, pour la première fois, le terme d'entomologie médico-légale.

L'affaire Thodure

Le 2 mai 1896, Désiré Logut vient signaler à la gendarmerie, la disparition, depuis le dimanche 26 avril, de son oncle Jean-Pierre Logut, 68 ans, militaire à la retraite, avec qui il partage une maison à Thodure, petit village de l'Isère.

Le 21 juin de la même année, un crâne est trouvé sur un chemin, crâne qui avait été placé sur celui-ci par Jean-Pierre Melon, habitant de Thodure, qui l'avait récupéré dans sa grange au milieu du foin. Interrogé par les gendarmes, il ajoute qu'il a également jeté un fémur dans une mare, après l'avoir aperçu dans sa basse cour.

La rumeur et les premiers éléments de l'enquête concluent à une disparition criminelle. En effet, le neveu du disparu, avait peu de temps avant la disparition, avoué au même Jean-Pierre Melon, qu'il avait fouillé la chambre de son oncle et qu'il lui avait volé la somme de 180 francs. Désiré Logut est mis en état d'arrestation pour vol et sa femme, est écrouée quelque temps plus tard, pour complicité de vol.

Le juge d'instruction Chantreuil, en charge du dossier, confie le 16 novembre 1896, une expertise aux docteurs Dutrait et Lacassagne. Leur mission, déterminer à partir du crâne et du fémur, l'âge, le sexe de la victime, dire si des traces de violences sont présentes et également de rechercher des traces de sang sur certains objets saisis lors de la perquisition au domicile des époux Logut.

Le crâne auquel il manquait la mâchoire inférieure, ne donne pas beaucoup d'informations aux experts. Ils ne peuvent pas préciser le sexe de la personne et ne donnent qu'un âge approximatif compris entre 55 et 65 ans. Ce crâne porte également des traces de fractures, mais pour les experts elles résultent de traumatismes post mortem.

Le fémur, quant à lui, n'apporte aucune information supplémentaire.

Les examens réalisés sur les différents objets saisis lors de la perquisition, ne permettent pas de déceler des traces de sang.

Cependant, sur le crâne, les deux médecins ont découverts des dépouilles d'insectes. Ils font alors appel au docteur Roux, spécialiste de la matière, pour les aider à déterminer si ce crâne peut appartenir au disparu.

C'est ainsi qu'en janvier 1897, le crâne parvient au laboratoire du docteur Roux. Après examen, celui-ci identifie les dépouilles d'insectes comme étant des larves d'un coléoptère de la famille des « *clavicornes* »et du genre « *silpha sinuata* ». Cet insecte n'est pas décrit dans le livre de Mégnin, bible de tous les entomologistes. Après avoir pris contact avec un autre spécialiste, Roux a la certitude que cette espèce appartient à la deuxième escouade d'insectes.

Après calcul, le docteur Roux estime que pour atteindre l'état des dépouilles retrouvées, il faut un délai d'environ six semaines en été et sept ou huit semaines en automne.

L'ensemble de ces travaux d'expertises permet donc d'affirmer que les ossements trouvés le 21 juin peuvent appartenir à quelqu'un encore en vie le 26 avril 1896, date compatible avec la disparition de Jean-Pierre Logut.

Le 27 février 1897, une nouvelle découverte va relancer l'enquête. Des vêtements et des ossements sont retrouvés dans un bois près d'un orphelinat, à proximité de l'habitation des Logut. Le docteur Dutrait, accompagné de ses aides, passe deux jours sur les lieux de la découverte afin d'y prélever l'ensemble des vêtements et de rechercher tous les restes humains possibles. L'examen des lieux, montre de manière nette que les vêtements, très fortement abîmés, sont étendus au pied d'un arbre, loin des différents ossements découverts.

Un deuxième déplacement sur les lieux, les 6 et 7 mars, est nécessaire pour obtenir un squelette quasi-complet.

Nommés en tant qu'experts par le juge d'instruction Victor Joannon de l'arrondissement de Saint Marcellin, les docteurs Lacassagne et Dutrait, vont examiner l'ensemble des ossements et des vêtements afin de savoir s'ils peuvent appartenir au disparu.

Les conclusions de leur rapport sont les suivantes :

- l'ensemble des ossements, première et deuxième découvertes, constitue un squelette presque complet (seuls les bras sont manquants) et appartient à un seul et même individu masculin, taille comprise entre 1m64 et 1m68, d'âge supérieur à 60 ans, dont les quelques cheveux et poils de barbe correspondent à ceux de Jean-Pierre Logut ;

- le corps de Logut ne s'est pas décomposé dans ses vêtements et que l'idée d'un suicide est donc difficile, sinon impossible à admettre étant donnée la position respective des vêtements et des débris humains. L'idée d'une mort subite encore davantage ;

- l'examen du cartilage thyroïde et de l'os ïoide permet l'hypothèse d'un étranglement.

Le 11 février 1898, à la cour d'assises de l'Isère, s'ouvre le procès de l'assassinat de Jean-Pierre Logut, les accusés étant son neveu Désiré Logut qui avait déclaré sa disparition et sa femme Julie-Joséphine Bacon-la-Croix.

Lors du procès, Pétrus, le fils des accusés apporte un témoignage accablant contre ses parents. Il avoue avoir vu Jean-Pierre Logut tenté d'étrangler son père pour un vol d'argent et que sa mère voyant la scène a assommé l'oncle avec un bâton.

Les débats de la cour d'assises durent deux jours. L'avocat des époux Logut s'attache à détruire l'accusation basée sur des preuves peu nombreuses et guère convaincantes.

Cette fois, le rapport des experts n'aura aucune influence sur les jurés. En effet, après une heure de délibération, ils déclarent les accusés coupables de vol, avec des circonstances atténuantes et innocents du chef de meurtre.

Les époux Logut sont condamnés à six mois d'emprisonnements chacun.

Lacassagne et Vacher : l'expertise psychologique du criminel

Alexandre Lacassagne, en tant que médecin, s'intéressa également à l'étude psychologique des meurtriers afin d'établir si ceux-ci étaient pénalement responsables ou non de leurs actes. Son expertise psychologique la plus remarquable est sans conteste celle de Joseph Vacher.

Joseph Vacher, surnommé le « tueur de bergers », est considéré, comme l'un des premiers tueurs en série français.

Entre 1894 et 1897, il est suspecté d'être l'auteur d'une trentaine de meurtres sadiques, dont l'égorgement d'au moins vingt femmes et adolescents, avec mutilations et viol. Arrêté, il n'avoua que onze meurtres et une tentative de viol.

Joseph Vacher est né le 16 novembre 1869 à Beaufort (Isère), dans une famille d'agriculteurs. Il effectue son service militaire à Besançon où il se distingue par un caractère renfermé et des accès de violence : il est insomniaque et menace ses camarades de chambrée de leur « couper le cou ».

En juin 1893, après avoir obtenu le grade de sergent, il est envoyé en convalescence car atteint de délires de persécutions. Durant ce congé, il cherche vainement à convaincre Louise Barant, une jeune domestique, de se marier avec lui. Dépité, le 25 juin 1893, il la blesse à la tête en lui tirant trois coups de revolver et tente de se donner la mort en retournant l'arme contre lui.

Joseph Vacher en conservera de lourdes séquelles : une surdité complète de l'oreille droite (l'une des balles s'est logée dans le rocher, l'os qui enveloppe l'oreille interne) avec une purulence continue et surtout, une paralysie du nerf facial droit, rendant son œil droit fixe et régulièrement injecté de sang. Le visage de Vacher présente après cette date une asymétrie faciale très nette avec un rictus caractéristique.

Après son séjour à l'hôpital, Joseph Vacher est placé à l'asile public d'aliénés de Dôle pour observation et est définitivement réformé de l'armée. Pendant ce temps, une information pour tentative d'assassinat est ouverte à son encontre.

À la demande du juge d'instruction, le docteur Guillemin, médecin-adjoint de l'asile, rédige le 12 septembre 1893 un rapport médico-légal portant sur l'état mental de Vacher. Le médecin le déclare « *atteint d'aliénation mentale caractérisée par le délire de persécutions. Il est irresponsable de ses actes* ».

L'instruction pour tentative d'homicide avec préméditation est donc arrêtée, le juge d'instruction rend une ordonnance de non-lieu, le 16 septembre de la même année.

Joseph Vacher est libre du point de vue judiciaire mais reste interné suivant la procédure administrative et transféré comme aliéné dangereux à l'asile de Saint-Robert, en Isère, le 21 décembre 1893.

Quatre mois plus tard, Joseph Vacher est libéré avec un certificat de complète guérison. Il mène alors une vie de vagabond, vivant d'expédients, pratiquant une mendicité agressive qui le fait correspondre au stéréotype du vagabond dangereux de son époque.

C'est dans ces conditions que la série meurtrière de Joseph Vacher commence :

- le 19 mai 1894, soit quarante-neuf jours seulement après sa sortie d'asile, il est à Beaurepaire, en Isère, où il assassine et mutile Eugénie Delhomme, âgée de 21 ans ;

- le 20 novembre 1894, à Vidauban, dans le Var, il égorge et mutile Louise Marcel, âgée de 13 ans.

- le 12 mai 1895, à Étaules (Côte-d'Or), il égorge Augustine Mortureux, âgée de 17 ans ;

- le 24 août, il égorge et viole une femme âgée de 58 ans, à Saint-Ours (Savoie) ;

- le 31 août 1895, le cadavre affreusement mutilé d'un jeune berger, Victor Portalier, est découvert à Bénonces (Ain).

Suite à cette dernière découverte, un bulletin de recherches est émis par le juge d'instruction du Tribunal de Belley, saisi du dossier, pour un vagabond ayant été aperçu à proximité des lieux des crimes.

Ce bulletin décrit l'homme recherché avec notamment « *une cicatrice ou rougeur sur l'œil droit* ». Cette recherche étant restée vaine, le juge Davaine rend quelques semaines plus tard une ordonnance de non-lieu.

Les crimes de Joseph Vacher sont abominables et suscitent à leur découverte une forte émotion.

Son mode opératoire est toujours sensiblement le même. Ses victimes sont généralement des jeunes bergers ou bergères isolés. Elles sont attaquées par surprise, étranglées, égorgées, éventrées, mutilées sexuellement. Le cadavre est déplacé pour être caché.

À l'autopsie, il est démontré que certaines des femmes ont été violées après décès et que les jeunes hommes ont subi des pénétrations anales.

Joseph Vacher est arrêté le 4 août 1897 en flagrant délit, alors qu'il s'attaque à une femme de 27 ans, dans la commune de Champis, en Ardèche. À cette date, il aura commis au moins onze meurtres.

Après cette dernière agression, le rapprochement est fait entre le signalement de Joseph Vacher et celui du vagabond recherché pour le crime de Bénonces.

Condamné à trois mois de prison pour tentative de viol, Vacher est transféré à la maison d'arrêt de Belley, dans l'Ain, où le juge Émile Fourquet, qui a obtenu la réouverture de l'instruction de l'affaire Portalier, espère avoir enfin arrêté celui que la presse surnomme bientôt le « *Jack l'éventreur du Sud-Est* ».

Le premier interrogatoire de Joseph Vacher a lieu le 10 septembre 1897. Il nie tout lien avec le crime de Bénonces et aussi avec tous les autres crimes évoqués par le juge d'instruction.

Le 19 septembre 1897, le juge Fourquet demande au docteur Bozonnet, médecin de la maison d'arrêt de Belley de rédiger un rapport d'expertise sur l'état mental de Vacher. Ce rapport conclut « … *La responsabilité de Vacher est très notablement diminuée* ».

Écartant cette expertise, le juge d'instruction décide de poursuivre la confrontation avec les témoins du crime de Benonces.

Joseph Vacher, lui, ne cesse d'affirmer « ….*il y avait des moments où je n'étais pas maître de moi et où je courais comme un fou à travers le monde droit devant moi, me guidant sur le soleil et ne sachant où j'ai erré ; ce n'est pas ma faute si l'on m'a empoisonné le sang* ».

Le 9 octobre, Joseph Vacher fait ses premiers aveux au juge Fourquet et il promet plus de détails en échange de la publication d'une lettre dans « *Le Petit Journal* », le « *Lyon républicain* » (qu'il lit régulièrement), « Le Progrès de Lyon » et « *La Croix* ».

Le juge transmet cette demande au procureur général près la cour d'appel de Lyon. Celui-ci répond au procureur de la République de Belley, le 11 octobre, en donnant un avis favorable tout en remarquant que « *le signataire de cette lettre est à n'en pas douter, un fou ou un simulateur* ». Le 16 octobre, la lettre d'aveu, adressée « *À la France* » paraît en page deux dans « *Le Petit Journal ».*

L'instruction progresse et le 22 octobre, Joseph Vacher avoue un nouveau crime qui ne lui était pas encore imputé. Si celui-ci passe aux aveux, c'est qu'il est persuadé qu'il sera reconnu irresponsable de ses actes.

Le 12 décembre 1897, le juge d'instruction demande une nouvelle expertise psychologique à trois autres médecins, et non des moindres :

- Alexandre Lacassagne ;

- Auguste Pierret, professeur de clinique des maladies mentales et médecin-chef de l'asile départemental d'aliénés de Bron ;

-Fleurey Rebatel, directeur de la maison de santé de Champvert.

Les docteurs Lacassagne, Pierret et Rebatel se rendent à la prison de Belley les 16 et 27 décembre pour examiner Joseph Vacher. Ils le verront ensuite tous les mois entre janvier et mai 1898. Alexandre

Lacassagne comprend parfaitement l'enjeu de ce second rapport d'expertise demandé par le juge Fourquet.

Le 13 mai 1898, les trois experts signent un long rapport récapitulant dans le détail la vie de Vacher et sa série d'assassinats. Pour eux, il ne fait pas de doute que Joseph Vacher a été atteint d'une aliénation mentale temporaire lors de sa première tentative de meurtre mais qu'il en était guéri, lorsqu'il quitta l'asile de Saint-Robert.

Reprenant tous les meurtres un par un, détaillant à chaque fois le mode opératoire et les mutilations pratiquées sur chacune des victimes, les médecins experts s'appliquent à démontrer que Joseph Vacher choisissait le moment et le lieu du crime, avec un type favori de victimes, s'entourait de précautions pour préparer et dissimuler ses crimes. Ils notent que dans l'un des meurtres, Joseph Vacher, son crime commis, à même pris soin de refermer la porte de l'habitation et d'en jeter la clé.

Le 3 juin 1898, le juge d'instruction signe une ordonnance de renvoi devant la cour d'assises qui est annulée le 8 par la chambre d'accusation, au motif que le juge Fourquet n'avait pas informé Joseph Vacher de la loi du 8 décembre 1897 lui permettant de bénéficier de l'assistance d'un avocat lors des interrogatoires.

Une partie de la procédure est donc reprise, mais toujours sans avocat, Joseph Vacher s'y étant refusé. Les trois médecins experts sont à nouveau désignés par le juge Fourquet le 14 juin 1898 et se rendent les 6, 13 et 17 juillet à la prison de Belley pour réexaminer Vacher.

Le 22 juillet 1898, ils produisent un nouveau rapport dont la conclusion n'est pas modifiée :

« Vacher est donc un criminel, il doit être considéré comme responsable, cette responsabilité étant à peine atténuée par les troubles psychiques antérieurs ».

Le procès de Joseph Vacher s'ouvre le 26 octobre 1898. Conscient de l'importance du rapport d'expertise des trois médecins, l'avocat de la défense va défendre la thèse de l'aliénation mentale de son client. Il dépose, dès le premier jour du procès une demande de contre-expertise. Celle-ci est rejetée.

Joseph Vacher est condamné, le 29 octobre, à la peine de mort.

La sentence est mise à exécution par le bourreau Deibler, à Bourg en Bresse, le 31 décembre 1898.

Ce rapport d'expertise n'est pas le premier rapport d'expertise psychologique d'un criminel de l'histoire judiciaire, mais de part le nombre d'entretiens avec le mis en cause, sa conclusion et son sujet, un tueur en série médiatique, il reste l'un des plus importants de l'histoire de la psychologie médico-légale.

L'assassinat de Sadi Carnot

En 1894, Alexandre Lacassagne est un médecin légiste et un expert de grand renom et c'est pourquoi on fit appel à lui pour l'autopsie du Président de la République de l'époque, Marie François Sadi Carnot.

Le 24 juin de cette même année, sur invitation du docteur Gailleton, maire de Lyon, le président Sadi Carnot, 57 ans, accepte d'assister dans sa ville à l'exposition universelle coloniale.

La journée est consacrée à la visite de l'exposition. À 18 heures, le président Sadi Carnot se rend au « *Palais de la Bourse* » où un banquet est donné en son honneur. Après le banquet est prévu, au Grand-Théâtre, une représentation d'Andromaque par les artistes de la Comédie-Française.

La sortie du Palais-de-la-Bourse a lieu à 21 heures, au son de la Marseillaise. Dans la voiture présidentielle, le président est assis de face à l'arrière droit, à sa gauche le général Borius, en face de lui à contre sens le maire de Lyon, ayant à sa droite le général Voisin, gouverneur militaire.

Le président est totalement exposé à la foule sans aucune protection rapprochée ayant lui-même donné l'ordre aux dragons de l'escorte de dégager l'espace.

À 21h15, le landau présidentiel ralentit l'allure pour laisser passer une voiture officielle et tourne à droite dans la rue Sainte-Bonaventure vers la rue de la République. Il se produit un remous dans la foule et un jeune homme surgit, plongeant vers le président qu'il frappe à la poitrine avec un poignard dissimulé dans un rouleau de papier, poignard qu'il enfonce violemment jusqu'à la garde et abandonne sur la victime.

Le président s'effondre en arrière sur son siège en disant : « *Je suis blessé* ». L'assassin s'enfuit, mais il est rapidement ceinturé par le gardien de la paix Kehlen et les membres de l'escorte. C'est un jeune italien de 21 ans, Santo Ironimo Caserio, qui hurle « *Vive l'anarchie ! »*.

Constatant instantanément la gravité de l'état du président, le docteur Gailleton décide de le conduire dans ses appartements à la Préfecture.

Le président est déposé sur un lit où il va agoniser pendant plus de trois heures. Le décès est constaté le 25 juin à 00h30.

Bien que l'épouse de la victime s'oppose à une autopsie, le docteur Gailleton insiste auprès des services publics pour qu'elle soit réalisée afin que les responsabilités soient établies. La veuve accorde l'autopsie à condition qu'elle soit partielle, c'est-à-dire limitée à la région blessée.

Celle-ci est donc pratiquée le jour même du décès, à 14 heures, par la fine fleur du milieu médical de l'époque, les docteurs : Coutagne, Poncet, Ollier, Lépine, Rebatel, Gandolphe, Fabre et Lacassagne.

Dans leur rapport d'expertise, les médecins constatent que « *La blessure siégeait immédiatement au-dessous des fausses côtes droites, à trois centimètres de l'appendice xiphoïde. Elle mesure de vingt à vingt-cinq millimètres et la lame en pénétrant a sectionné complètement le cartilage costal correspondant.*

La lame du poignard a pénétré dans le lobe gauche du foie, à cinq millimètres du ligament suspenseur. Elle a perforé l'organe de gauche à droite et de haut en bas, blessant sur son passage la veine porte qu'elle a ouverte en deux endroits. Le trajet de la blessure dans l'intérieur du foie est de onze à douze centimètres. Une hémorragie intra-péritonéale fatalement mortelle a été le fait de cette double perforation veineuse. »

Selon le docteur Alexandre Lacassagne, l'assassin n'ayant frappé qu'une seule fois, il semble que la deuxième blessure de la veine porte ait été provoquée lors du mouvement de recul de la victime. L'hémorragie fut d'autant plus abondante que le coup avait été porté en pleine digestion.

Les causes de la mort sont indiscutables : *« collapsus »* irréversible par choc hémorragique non contrôlé dû à une double plaie de la veine porte.

Quant à l'arme du crime ou du moins sa copie elle eut une aventure singulière.

Il s'agit d'un poignard à lame damasquinée avec sa gaine recouverte de velours, qui mesure 28 centimètres. La longueur du manche est de 8,5 centimètres et la lame 17 centimètres.

Cette arme est confiée au docteur Alexandre Lacassagne qui au vu de l'importance de l'assassinat y recherche des traces d'un éventuel poison. Ces recherches restèrent vaines.

L'arme fut ensuite donnée à la femme du Président Carnot qui n'accepta plus jamais de la rendre, même aux forces de police.

Lors du procès de Santo Ironimo Caserio, pour la session de la cour d'assises, c'est une copie, achetée par la Justice qui est présente sur la table des pièces à conviction.

La copie de l'arme ayant tué le Président Sadi Carnot se retrouve ensuite dans la collection d'Alexandre Lacassagne. Puis, à l'exemple du squelette de Gaumet, elle intègre le musée d'Edmond Locard sous les combles du palais de Justice de Lyon.

Cette arme est désormais, elle aussi, dans la collection criminalistique du musée de l'École Nationale Supérieure de la Police à Saint Cyr au Mont d'Or.

LOCARD
et la police devient scientifique

Naissance du premier laboratoire de police scientifique

C'est à Lyon que nous faisons maintenant connaissance avec le troisième éminent personnage des débuts de la police scientifique.

Il s'appelle Edmond Locard. Issu d'une grande famille lyonnaise, après l'obtention d'un double bac scientifique et littéraire, il obtient une licence en droit et fait également des études de médecine. Il est élève d'Alexandre Lacassagne, sous la direction duquel, il effectue sa thèse sur la médecine légale au XVIIe siècle.

Attiré par la dactyloscopie, il porte très tôt, un grand intérêt au traitement des différentes traces retrouvées sur une scène de crime. Il développe l'idée qu'il serait d'un grand intérêt pour la Police et la Justice, de traiter de manière scientifique et rigoureuse toutes les traces et indices, mis en évidence lors de l'examen des lieux d'un crime, « *ces témoins sûrs et muets, ceux qui ne mentent ni ne trompent* », comme il les appelle.

Grand lecteur, ces idées et notamment celle d'analyser les poussières, il les doit à un autre personnage dont il aime lire les exploits, Sherlock Holmes.

Au fait de sa renommée, Edmond Locard sera surnommé dans les pays Anglo-saxons, le « Sherlock Holmes français ».

Dans cette optique, après sa thèse de médecine, il se rend à Paris dans le service d'Identité Judiciaire d'Alphonse Bertillon pour y étudier son fonctionnement et tout apprendre sur le système anthropométrique et les empreintes digitales.

Puis il entame un long voyage qui lui permet de visiter de nombreux laboratoires dans le monde : celui du professeur Lombroso à Turin (Italie), du professeur Reiss à Lausanne (Suisse) et aussi en Allemagne, en Belgique, aux États-Unis et en Angleterre. Ce voyage, il le paie lui-même, avec ses propres deniers et en tant que conférencier de cette nouvelle science naissante, la criminalistique.

De toutes ces rencontres, Edmond Locard en retient l'idée de la création en France, d'un laboratoire de police, uniquement dédié à l'analyse des traces retrouvées sur les scènes d'infraction ou de crime.

À son retour à Lyon, il rend visite au Secrétaire Général du Rhône pour la Police, Henri Cacaud, pour lui présenter son idée d'un nouveau type de laboratoire et lui demander l'autorisation de l'appliquer, tout au moins à l'essai.

Henri Cacaud lui donne immédiatement son accord et le 24 janvier 1910, à l'âge de 33 ans, Edmond Locard devient le directeur du premier laboratoire de police scientifique de France.

Celui-ci est logé au 35 ter rue Saint Jean, dans les combles du palais de Justice de Lyon. D'une superficie d'environ 630 m², il est doté en tout et pour tout, de deux chaises et d'un bec bunsen. Quant au personnel, l'administration met à sa disposition un garde-chasse et un gardien de la paix.

L'État n'investira pas beaucoup dans ce laboratoire. L'argent qui fera vivre celui-ci, vient principalement du paiement des expertises réalisées par Edmond Locard et son équipe, d'une manne accordée par la chambre de commerce et par les fonds propres de son directeur.

Durant toute sa carrière, Edmond Locard ne toucha aucun salaire.

Dès le début de sa création, Edmond Locard, fait œuvre de communication. Il obtient l'autorisation de faire une conférence d'une heure par jour aux agents et inspecteurs de police sur les nouveaux procédés d'identification des criminels et sur l'importance de préserver les lieux avant l'arrivée du personnel du laboratoire de police scientifique.

Pour toucher le grand public, il se fait interviewer par de nombreux journalistes auxquels il rabâche son idée principale : « *ne toucher à rien avant l'arrivée des hommes du laboratoire* ».

Le Secrétaire Général de la Police, enchanté par le travail d'Edmond Locard, publie une circulaire préfectorale en mars 1910, soit à peine trois mois après la création du laboratoire, obligeant les commissariats ou postes de garde, prévenus d'un crime ou d'un délit, quel qu'il soit, à avertir en priorité par téléphone le laboratoire de police, et de recommander aux plaignants de ne plus laisser entrer quiconque dans le local où le crime a été commis.

Grâce à cela, le laboratoire de police de Lyon pratique environ 500 opérations par an suite à des crimes ou délits variés (des vols avec effraction surtout) et obtient des résultats positifs dans un très grand nombre de cas.

Pour les villes où le personnel du laboratoire ne peut se déplacer, la gendarmerie ou les brigades mobiles peuvent pratiquer les recherches sur la scène d'infraction et expédier ensuite les pièces intéressantes au laboratoire.

Au début de son activité, Edmond Locard et son équipe travaillent principalement sur l'identification des récidivistes grâce à l'anthropométrie judiciaire, la photographie et les empreintes digitales. Puis, avec l'augmentation du personnel et des techniques analytiques, le laboratoire développe l'analyse des traces de sang, des poussières et des traces diverses (traces de pas, de pneumatiques…).

Pour le docteur Locard, la transmission du savoir aux plus jeunes et aux moins expérimentés est d'une grande importance. Il écrit plusieurs livres dont le très renommé « *Traité de criminalistique* » en sept volumes qui est considéré comme une référence en criminalistique.

De 1941, date de la création de L'École Nationale Supérieure de la Police à Saint Cyr au Mont d'Or, à 1949, Edmond Locard y dispense un enseignement des techniques policières, deux heures par semaine, aux futurs commissaires de police.

Pour le grand public, il publie également dans le très controversé journal « *Détective* », premier magazine français consacré aux faits divers, lancé par Gaston Gallimard en 1929 et dirigé par Georges et Joseph Kessel.

Il y rédige durant l'année 1930, une trentaine de rubriques intitulées « *La science contre le crime* », qui lui permet de faire découvrir son laboratoire, d'évoquer les dernières avancées techniques de la police technique et scientifique, de conter l'histoire des empreintes digitales et celles de certaines affaires qu'il a eu à résoudre.

Le musée du crime

Parallèlement à la création de son laboratoire, Edmond Locard va aussi mettre en place un musée consacré « *à la recherche des traces et des preuves dans le procès pénal* », musée unique au monde à l'époque.

Il n'était pas destiné au grand public, mais uniquement aux magistrats et aux policiers. Edmond Locard voulait collectionner les souvenirs d'infractions pour permettre de documenter et d'instruire ceux qui seront appelés à enquêter sur les crimes futurs.

Ce musée comportait quatre salles :

- la salle « Cacaud », en souvenir du Secrétaire général de la police qui contribua à la création du laboratoire ;

- la salle « Émile Binder », ancien président du Conseil général du Rhône et beau-frère d'Edmond Locard ;

- la salle « Jean Lacassagne », fils d'Alexandre Lacassagne ;

- et la salle « Louis Maudet », magistrat lyonnais.

Il regroupait différents types d'objets liés au crime :

- des objets fabriqués dans les prisons par les détenus avec du papier mâché et qui, pour certains représentaient des scènes d'exécution au moyen de la guillotine ;

- des photographies de tatouages ;

- une collection de lettres et d'autographes des plus célèbres criminels, notamment un poème de Lacenaire.

- une collection d'armes ayant été utilisées dans des actes criminels, avec notamment des flèches empoisonnées, la balle tirée par Mme Caillaux, épouse du président du Conseil, qui tua M. Calmette, directeur du Figaro et la copie du poignard avec lequel Casério assassina le président Sadi Carnot.

- de nombreux moulages de toutes sortes (pieds, ongles, dents, vêtements), constitués sur des scènes de crimes, dont un, extraordinaire, offert par Eugène Godefroy, officier de police judiciaire belge, obtenu suite à la chute d'un cambrioleur sur un tas de sable lors de sa fuite. Celui-ci réalisé en plâtre, montre le buste et le visage du criminel, tenant dans une main une pince monseigneur et dans l'autre un pistolet « browning » ainsi que des détails forts précis de son gilet. Détails qui permettront aux policiers d'arrêter ce cambrioleur malheureux.

- les outils utilisés par les criminels pour commettre leurs effractions ;

- des documents historiques consacrés également à l'expertise des documents écrits.

En bonne place on retrouvait aussi le fameux squelette de Gaumet, légué en héritage par Alexandre Lacassagne.

Après son départ en retraite en 1951 et faute de place, Edmond Locard fut obligé de déménager son musée qui fut disséminé, dans les caves du Palais de Justice et dans son bureau personnel de la rue Mercière à Lyon.

Certaines des pièces de ce musée furent finalement réunies au sein de la collection criminalistique de L'École Nationale Supérieur de Police à Saint Cyr au Mont d'or.

L'affaire de la rue RAVAT : La dactyloscopie reine des preuves

Le 1er juin 1910, à 18h15, la veuve André, rentrant à son domicile au 31 rue Ravat, à Lyon, constate que la porte de son appartement est fracturée. Dans l'unique chambre qu'elle occupe, tout a été renversé et jeté sur le sol, la somme de 105 francs lui a été volée.

Le commissaire de police du quartier de Perrache, Honoré Giraud, appelé sur place, constate à son arrivée que l'effraction a été pratiquée à l'aide de deux tuteurs en bois provenant d'une palissade, et que parmi les objets déplacés par les voleurs, plusieurs présentent des surfaces lisses, où des empreintes digitales sont faciles à relever.

Comme il est maintenant d'usage depuis quelques mois, le commissaire fait appeler le laboratoire de police scientifique de Lyon et prend des mesures pour empêcher toute manipulation ou accès à la scène d'infraction.

Quelques minutes plus tard, Edmond Locard arrive sur place avec deux de ses préparateurs. L'expert trouve des empreintes très nettes sur un vase à fleurs en verre bleu, sur deux bouteilles de vin mousseux et sur deux pots en grès, contenant l'un du sel, l'autre de la farine.

Ces différentes pièces à conviction sont placées dans des malles semblables à la « *bertillonne* » appelées « *isolateurs* » et apportées au laboratoire de police.

L'enquête menée par la brigade Jacquet de la sûreté lyonnaise, désigne rapidement deux individus nommés Fabry et Rollin, ceux-ci sont arrêtés. Leurs empreintes digitales sont relevées par le personnel d'Edmond Locard. Mais aucun témoignage et aucune preuve ne permettent de les incriminer. De plus, l'un des deux n'a jamais été condamné pour vol et a un alibi.

Au laboratoire, les analyses commencent. Les pièces à conviction saisies rue Ravat, sont examinées et Edmond Locard met en évidence plusieurs traces digitales.

Sur le vase à fleurs en verre bleu, un même dessin digital se répète deux fois côte à côte. De plus, cette trace présente une particularité, la présence d'une cicatrice en angle droit. Cette empreinte, colorée au noir de fumée et photographiée à un fort agrandissement, présente toute une série de points caractéristiques, que l'on retrouve de la même manière sur l'empreinte digitale du pouce droit de Fabry.

Sur l'une des deux bouteilles de vin mousseux, les empreintes juxtaposées de quatre doigts sont mises en évidence. Elles correspondent à celles des index, majeur, annulaire et auriculaire de la main droite de Fabry.

L'autre bouteille de vin est littéralement couverte d'empreintes. La coloration au carbonate de plomb (également appelé blanc de céruse) et l'examen de l'agrandissement photographique de ces traces permettent de reconnaître les dessins digitaux du majeur gauche plusieurs fois répété, de l'annulaire et de l'auriculaire gauche du même Fabry.

Le pot de grès blanc avec l'inscription « *farine* » porte trois traces de phalangettes qui, révélées au noir animal et agrandies, sont identifiées comme correspondant aux empreintes digitales de l'index, le majeur et l'annulaire de la main gauche de Rollin, le second suspect.

Sur le côté opposé du vase à fleurs, Edmond Locard révèle une trace papillaire, mais pas très nette, du pouce gauche du même Rollin.

En résumé, l'identification porte sur huit empreintes de doigts de Fabry et quatre de Rollin et avec de nombreux points de comparaison. Le doute n'est pas permis, les deux individus, Fabry et Rollin, étaient présents dans l'habitation de la veuve André.

Aux assises du Rhône, le 10 novembre 1910, le jury condamne, uniquement sur la preuve des empreintes digitales, Fabry a une peine de six ans de prison et Rollin à une peine de cinq ans avec, pour tous les deux, une peine supplémentaire de dix ans d'interdiction de séjour.

Les deux condamnés vont faire un pourvoi en cassation. En effet, les jurés ont eu à leur disposition, pendant une suspension d'audience, les photographies des empreintes digitales portant le repérage à l'encre des points caractéristiques, pièces qui ne figuraient pas au dossier.

La Cour de Cassation rejeta ce pourvoi et l'arrêt devint définitif.

C'est la première fois qu'un tribunal français prononce une condamnation, uniquement basée sur l'expertise scientifique des empreintes digitales.

L'aveu n'est plus la reine des preuves.

La poroscopie

Il arrive que les traces digitales présentes sur des objets soient partielles et ne permettent pas d'identifier avec certitude un individu.

Pour ces cas complexes, Edmond Locard s'intéresse aux orifices sudoripares présents sur la peau et notamment sur celle des doigts. Il estime que l'étude des pores, ou poroscopie, pourrait être une preuve complémentaire de l'examen des empreintes digitales pour l'identification des criminels.

Par de nombreuses observations et expériences, il démontre que les caractéristiques des pores des doigts sont immuables. En effet, en examinant comparativement les empreintes d'un sujet à plusieurs années d'intervalle, on retrouve sur les lignes noires correspondant aux crêtes papillaires le même piqueté blanc représentant les pores, sans aucune modification ni dans le nombre de ceux-ci pour une crête donnée, ni dans leurs positions. De plus, la forme de ces orifices sudoripares ne s'altère pas.

Dans la pratique, la poroscopie permet d'utiliser très souvent des fragments d'empreintes n'excédant pas quelques millimètres carrés ou des empreintes à demi effacées, où quelques points seulement sont discernables. Elle peut donc être complémentaire à la dactyloscopie et permettre à l'expert d'être plus affirmatif.

Edmond Locard s'en servit dans de nombreux dossiers en plus de la dactyloscopie. L'affaire qui suit en est la parfaite illustration.

Boudet Simonin : la poroscopie à l'honneur

Le 10 juin 1912, l'appartement d'un monsieur Chardonnet, situé au 6 rue Centrale, à Lyon, est cambriolé. Les malfaiteurs ont emporté des bijoux et une somme de 400 francs.

Une équipe du laboratoire de police de Lyon arrive sur place. Lors de l'examen de la scène d'infraction, Edmond Locard et ses aides mettent en évidence sur le meuble en bois de rose, dans lequel se trouvaient les bijoux et l'argent, de nombreuses traces digitales par révélation au blanc de céruse.

Celles-ci vont être photographiées très minutieusement. Après développement au laboratoire, elles sont comparées à celles présentes dans les fichiers des empreintes digitales du laboratoire.

M. Chambon, un des aides d'Edmond Locard, identifie deux de ces traces comme appartenant à un certain Boudet, déjà condamné plusieurs fois pour vol, et qui avait tenté de donner un faux état civil lors de son arrestation.

L'examen du dossier de Boudet aux archives de la sûreté lyonnaise, permet de trouver son complice habituel, un nommé Simonin.

Les deux individus sont arrêtés et après avoir pris les empreintes de Simonin au laboratoire, on constate que toutes les traces digitales trouvées sur le lieu du vol, qui ne sont pas celles de Boudet correspondent à celles de Simonin.

Au total, 13 empreintes de Boudet sont mises en évidence sur le meuble, dont une, du majeur gauche qui présente 78 points caractéristiques.

Concernant Simonin, seulement deux empreintes sont identifiées, mais la seconde est celle de sa paume gauche et présente 94 points de comparaison.

Boudet et Simonin sont bien les deux auteurs du vol.

En l'absence de leurs aveux, l'enquête n'apporte aucun élément nouveau.

L'affaire est portée aux assises et Edmond Locard est convié à témoigner en tant qu'expert.

Lors de son intervention, il montre que la dactyloscopie établit nettement la présence des deux accusés sur les lieux du crime.

Puis il expose les résultats des examens poroscopiques. Il démontre qu'il est possible de repérer sur les phalanges du majeur gauche de Boudet 901 pores, qui se retrouvent exactement sur une des traces relevées sur le meuble en bois de rose et que pour Simonin, c'est 2000 pores de sa paume gauche qui sont présentes sur le meuble.

La démonstration de l'utilisation des pores par Edmond Locard devant le jury de la cour d'assises emporte la décision de celui-ci sur la culpabilité des deux prévenus.

Le 31 octobre 1912, Boudet et Simonin sont condamnés, à cinq ans de travaux forcés, le jury leur ayant refusé les circonstances atténuantes.

La règle des 12 points de comparaisons

En 1914, Edmond Locard formule une règle fondamentale pour la comparaison des empreintes digitales.

Faisant appel aux calculs statistiques, il établit que douze points de correspondance entre une trace digitale et une empreinte de référence suffisent à identifier une personne de manière très fiable.

Il formule cette règle ainsi :

- 1° Il y a plus de 12 points évidents ; l'empreinte est nette : certitude indiscutable.

- 2° Il y a 8 à 12 points : cas limites.

La certitude est fonction :

a) de la netteté de l'empreinte ;

b) de la rareté de son type ;

c) de la présence du centre de figure ou du triangle dans la partie déchiffrable ;

d) de la présence des pores ;

e) de la parfaite et évidente identité de longueur des crêtes et des sillons, de direction des lignes et de valeur angulaire des bifurcations.

Dans ces cas, la certitude ne s'impose qu'après discussion par un ou plusieurs spécialistes compétents et expérimentés.

- 3° Il y a très peu de points. Dans ce cas, l'empreinte ne fournit plus de certitude, mais seulement une présomption, proportionnelle au nombre de points et à leur netteté.

Cette formulation va servir de référence pour tous les experts en dactyloscopie et reste encore de nos jours très pertinente. En effet, elle est encore utilisée comme référence pour enregistrer une trace dans le Fichier Automatisé des Empreintes Digitales (FAED).

Créé par le décret n° 87.249 du 8 avril 1987, le FAED est un fichier national mis en œuvre et géré par le ministère de l'Intérieur.

Le FAED est opérationnel à l'échelon national depuis 1992. Il s'agit de la première application informatique commune à la police et à la gendarmerie nationales.

Le fichier regroupe :

- les traces relevées sur les scènes d'infraction ou dans le cadre d'une enquête pour recherche des causes de la mort ou d'une disparition ;

- les empreintes digitales et palmaires relevées sur les personnes mises en cause dans le cadre d'un crime ou d'un délit puni d'une peine d'emprisonnement ;

- les empreintes digitales relevées sur des cadavres non identifiés ou des personnes grièvement blessées lorsqu'elles ne sont pas identifiées.

L'anonymographe de Tulle

Les auteurs de lettres anonymes ne se sont pas toujours appelés des « *corbeaux* ». Au début du XXe siècle, on les appelle des anonymographes.

Edmond Locard s'est très tôt intéressé à l'examen des écritures manuscrites et c'est pour cela qu'il fut nommé dans cette célèbre affaire de lettres anonymes qui aura un retentissement énorme en France et même à l'étranger.

L'histoire commence à Tulle, petite commune de la Corrèze, en 1917 et trouve sa conclusion près de cinq ans plus tard.

À cette date, les fonctionnaires de cette ville, ainsi que leurs proches ont reçu de nombreuses lettres anonymes. L'anonymographe qui se fait appeler « *l'œil de tigre* » dénonce les maris trompés, les femmes volages et les commerçants peu scrupuleux.

Mais comme ces envois ne reçoivent pas d'écho, « *l'œil de tigre* » passe à la vitesse supérieure. C'est ainsi qu'un dimanche matin, les paroissiens de Tulle découvrent dans leur église des copies de lettres déjà envoyées.

L'anonymographe ira même jusqu'à afficher sur la porte du théâtre de la ville, une liste de quatorze noms de Tullistes avec pour chacun d'eux les noms de leurs maîtresses ou amants.

Le scandale devient alors public et le commissaire de la ville est saisi de l'enquête. Malheureusement, l'anonymographe va faire son premier mort. Auguste Gibert, greffier du conseil de Préfecture, craque nerveusement. Sa propre femme est en effet accusée d'être l'auteure des lettres, ce qui le rend fou. Il en perd la raison et meurt, semble-t-il, d'une congestion cérébrale à l'asile.

Un autre employé des hypothèques tentera lui, de mettre fin à ses jours.

La justice est saisie et le juge d'instruction, Monsieur Richard, faute d'éléments probants, fait appel au Docteur Edmond Locard, graphologue réputé.

Celui-ci organise une dictée particulière. C'est un procédé qu'il a lui-même élaboré pour identifier les anonymographes et qui est encore utilisé de nos jours dans les affaires de comparaison d'écritures. Celle-ci est réalisée avec certains des habitants de Tulle très fortement liés à cette affaire. La dictée est suffisamment longue pour confondre le coupable qui ne pourra masquer son écriture très longtemps.

Parmi ces personnes, se trouve une femme, Angèle Laval, âgée de 35 ans. Des soupçons se portent déjà sur elle. En effet, son père, Jean Laval, vient un jour raconter au magistrat Richard qu'une lettre de « l'œil de tigre » a été trouvée chez une amie, mademoiselle Leignac, qui en a rapporté le contenu à sa sœur, Angèle Laval. Or, deux jours avant cette rencontre, celle-ci lui avait déjà décrit le contenu de la lettre.

Angèle Laval consent à écrire en lettres majuscules, comme le faisait « l'œil de tigre » dans certaines de ses missives, mais elle met dix minutes pour écrire la première ligne. Dès qu'elle achève une page, elle la reprend entièrement la rendant presque inutilisable pour l'expert. Edmond Locard lui fait comprendre que de nombreuses pages l'attendent et elle délaisse ce premier mode de dissimulation de son écriture.

Mais dans sa première ligne d'écriture, Angèle Laval, s'est déjà trahie, elle a en effet écrit un Y en forme de V avec une queue en serpentin, analogue à celui fait par l'anonymographe.

Angèle Laval entame alors une deuxième étape de dissimulation en créant un nouveau type typographique, tout à fait différent de celui des lettres anonymes. Elle le fait toute la matinée. Après une pause d'une heure, Edmond Locard redémarre la dictée. La lassitude venant, à la sixième page, Angèle se met à écrire de la même façon que l'anonymographe.

Mais comme la police le soupçonnait, il n'y a pas qu'un seul auteur. En effet, pour les lettres en écriture cursive, Edmond Locard identifie la mère d'Angèle Laval, confirmant ainsi la présence de deux anonymographes, la mère et la fille. Mais les lettres les plus abominables étaient celles d'Angèle.

À la suite de cette dictée, Angèle Laval est inculpée mais laissée en liberté provisoire.

Elle demande l'avis d'un deuxième expert, issu du nord de la France. Malheureusement pour elle, ses conclusions sont les mêmes que celles du docteur Locard.

Durant sa liberté, Angèle Laval et sa mère partent pour Gimel, localité proche de Tulle et se jettent dans l'étang de Rufaud.

La mère meurt noyée alors qu'Angèle est sauvée par des bûcherons alertés par ses cris.

Le procès d'Angèle Laval s'ouvre en 1922, mais elle n'écope que d'un mois de prison avec sursis et de 200 francs d'amende, pour diffamation et injures publiques.

Pendant les audiences, Angèle Laval était habillée de noir et un journaliste du « *Matin* » écrit en examinant l'accusée : « *Elle est là, un peu boulotte, un peu tassée, semblable, sous ses vêtements de deuil, à un pauvre oiseau funèbre qui aurait reployé ses ailes* ».

En 1943, Henri Georges Clouzot, cinéaste français, transforme « *l'oiseau funèbre* » en « *corbeau* », titre éponyme de son film, qui relate de manière fictionnelle, les événements de Tulle.

C'est ainsi que depuis, le mot anonymographe a disparu du langage courant au profit de celui de « *corbeau* », toujours aussi populaire aujourd'hui dans certaines affaires criminelles.

L'affaire Gourbin : les poussières mises en lumière

Edmond Locard considère que toutes les traces retrouvées sur une scène de crime peuvent mener à l'identification d'un criminel, même celles qui sont habituellement délaissées. C'est ainsi qu'en 1912, il met en avant l'étude des poussières.

Cette année-là, une jeune femme, Marie Latelle est découverte morte dans sa chambre alors qu'elle se démaquillait devant son miroir. Le médecin légiste appelé sur les lieux, examine le corps de la défunte et définit l'heure du décès aux alentours de 0h30, la cause du décès étant la strangulation.

Le laboratoire de police est informé du crime, Edmond Locard se rend sur les lieux avec ses aides. Au cours de l'examen du corps, il remarque la présence de griffures au niveau du cou de la victime.

L'enquête va rapidement diriger les policiers vers le petit ami de Marie, Émile Gourbin, employé de banque, avec qui elle s'était disputée quelque temps auparavant.

Mais il a un alibi. En effet, à l'heure du crime, il jouait aux cartes, chez lui, avec des amis.

Lors de sa garde à vue, Edmond Locard vient voir Émile Gourbin et remarque, sous ses ongles, des traces de salissures. Intrigué, il prélève ces traces avec un petit bâtonnet et place le tout dans un tube en verre. C'est la première fois qu'il réalise ce type de prélèvements.

De retour sous les combles du Palais de Justice, le directeur du laboratoire de Lyon examine ces poussières sous le microscope. Le prélèvement est constitué d'une substance de couleur rose présentant des caractéristiques qui peuvent correspondre à celles d'un produit de maquillage.

Pourrait-il s'agir du produit de maquillage de Marie Latelle ?

Edmond Locard retourne au domicile de la victime et cherche un produit pouvant correspondre aux traces découvertes sous les ongles d'Émile Gourbin.

Il y trouve un pot de fond de teint, fabriqué par un pharmacien de Lyon. Il prend contact avec lui et ce dernier lui précise que ce mélange cosmétique est exclusivement réservé à Marie Latelle et lui transmet sa composition.

De retour au laboratoire, Edmond Locard cherche alors à identifier les différents constituants du produit cosmétique dans les traces découvertes sous les ongles du petit ami.

Bismuth, stéarate de magnésium, oxyde de zinc, pigment rouge vénitien et poudre de riz, constituants du fond de teint de Marie Latelle se retrouvent également sous les ongles d'Émile Gourbin.

Le directeur du laboratoire de police scientifique développe alors la théorie suivante : lors de l'étranglement de Marie Latelle, des particules du fond de teint présent sur son cou ont été transférées par contact sur les mains de son assassin au cours de la strangulation et plus particulièrement sous les ongles de celui-ci, plus aptes à retenir les salissures. Et cet assassin ne peut donc être qu'Émile Gourbin.

Edmond Locard retourne voir ce dernier dans sa cellule et lui présente les conclusions de ses analyses. Confondu par cette expertise, il passe aux aveux. Il a bien tué Marie Latelle. Le soir du meurtre, il est entré discrètement chez sa fiancée vers minuit trente et l'a étranglée.

Pour se forger un alibi, en rentant chez lui, Emile Gourbin recule les aiguilles de l'horloge du salon d'une heure.

Quand ses amis arrivent pour jouer aux cartes, il n'est pas encore minuit à l'horloge. Ils feront de parfaits témoins pour leur hôte.

Mais, Émile Gourbin n'avait pas tenu compte de l'ingéniosité d'Edmond Locard et des moyens techniques de son laboratoire de police scientifique.

Une aventure du Sherlock Holmes… Lyonnais

Edmond Locard, durant sa longue carrière, connut certaines affaires singulières. Celle qui suit est digne de figurer parmi les aventures de son héros préféré, Sherlock Holmes.

Nous sommes dans les années 1920 à Lyon. Une série de cambriolages a pour cible des appartements. Ces vols ont lieu en journée. Généralement le voleur passe par des fenêtres légèrement entrouvertes. Il prend parfois des risques insensés en grimpant sur les façades des immeubles en plein jour, jusqu'au deuxième, voire troisième étage.

Pourtant, le butin des vols n'est pas très important, un ou deux objets sont généralement dérobés et parfois sans véritable grande valeur.

Les différentes enquêtes menées ne permettent pas d'identifier un potentiel suspect. Il faut attendre un nouveau vol pour que les personnels du laboratoire appelés sur les lieux découvrent la présence d'une trace digitale sur le rebord d'une fenêtre.

Celle-ci est alors photographiée et développée au laboratoire pour y être examinée et comparée à celles du fichier des empreintes digitales. Cependant, il n'y a aucune correspondance. De plus cette trace est atypique. Les crêtes et les plis de celle-ci sont verticaux contrairement aux empreintes digitales classiques.

Edmond Locard se penche sur cette mystérieuse empreinte et se souvient d'une publication scientifique consacrée aux empreintes digitales des primates.

Pas d'erreur, l'empreinte retrouvée sur la fenêtre est bien celle d'un singe.

L'ensemble des propriétaires de ce type d'animal, joueurs d'orgue de barbarie, nomades, saltimbanques de l'agglomération lyonnaise, très nombreux à l'époque, sont convoqués au laboratoire de police pour que l'on puisse relever les empreintes des « *suspects* ». La chose n'est pas aisée, les singes n'appréciant pas particulièrement cet exercice salissant. Les préposés aux prises d'empreintes digitales ont beaucoup de mal à éviter les griffures et les morsures.

Quelques relevés plus tard, le coupable est découvert, il s'agit du singe d'un musicien ambulant italien. Lors de son interrogatoire, il avoue avoir dressé son singe à entrer par les fenêtres des habitations et à voler des objets brillants.

Lors de la perquisition par les services de police du domicile du musicien, certains de ces objets sont retrouvés.

Le voleur finit en prison et le singe est installé au zoo.

Bertillon et Locard contre la bande à Bonnot

La bande d'anarchistes connue sous le nom de « *bande à Bonnot* » a sévi moins d'un an, entre décembre 1911 et mai 1912. Mais son parcours fut bruyant et violent.

Alphonse Bertillon et Edmond Locard prirent part eux aussi à la traque de ces bandits en automobile.

En 1911, Jules Bonnot, 35 ans, s'associe avec quatre individus, Garnier, Callemin, Valet et Caroube pour organiser un cambriolage avec perçage de coffre-fort. Callemin vient d'acheter un chalumeau oxyhydrique, reste à se procurer une automobile pour le transporter. Celle-ci est volée, à Boulogne-sur-Seine, dans la nuit du 13 au 14 décembre 1911, puis entreposée chez un ami.

Le 20 décembre, le cambriolage, initialement prévu, est ajourné au dernier moment. Pour ne pas être bredouille, la bande décide d'attaquer le garçon de recette d'une succursale de la Société Générale, située au 146 rue Ordener dans le XVIIIe arrondissement de Paris.

Le « *coup* » avait été repéré, mais pas vraiment préparé. Chaque jour, peu avant neuf heures, l'encaisseur descend du tramway pour livrer les valeurs et la monnaie nécessaire à la banque. Il est escorté du tramway à l'agence par un homme non armé. Sa sacoche paraît être une cible facile.

Le jeudi 21 décembre au matin, la voiture volée est en stationnement, moteur en marche, Jules Bonnot au volant. Octave Garnier surnommé « *le tueur au visage d'adolescent* » s'approche de l'encaisseur, Raymond Callemin, dit « *Raymond la science* », tente de lui dérober sa sacoche. L'employé nommé Ernest Caby résiste, Garnier tire deux coups de feu avec un pistolet de marque Browning et le blesse à la nuque et au poumon, heureusement sans le tuer. Callemin coupe la sangle de la sacoche, la voiture part en trombe.

L'attaque perpétrée par les « *bandits en auto* » fait la une de la presse. Le vol a en effet eu lieu en plein jour, ce qui démontre l'audace des voleurs qui n'ont pas pris la peine de cacher leur visage et n'ont pas hésité à tirer sur la foule pour couvrir leur fuite. L'opération a été couronnée de succès par l'usage d'une automobile, ce qui ne s'était jamais fait auparavant. C'est une première mondiale.

La réussite de ce premier coup d'éclat est pourtant toute relative. Le butin est maigre, essentiellement constitué de titres nominatifs. Ce crime passible de la peine capitale a été commis pour 5000 francs de monnaie.

Arrivés à Dieppe, alors qu'ils voulaient partir vers Le Havre, les bandits abandonnent l'automobile au pied de la falaise, et retournent à Paris en train. La voiture sera découverte et on fera appel au service de l'Identité Judiciaire parisien pour la recherche d'indices. Lors de l'examen du véhicule, Alphonse Bertillon, identifie deux individus grâce aux empreintes digitales, dont Jules Bonnot.

L'attentat de la rue Ordener marque pour la bande à Bonnot, le début d'un périple désespéré, ponctué de crimes et de hold-up sanglants.

Dans la nuit du 2 au 3 janvier 1912, un rentier âgé de 91 ans et sa domestique sont assassinés à Thiais. Alphonse Bertillon se rend sur les lieux pour réaliser les photographies métriques de la scène de crime et relever d'éventuelles traces digitales.

Différentes empreintes sont mises en évidence et notamment une paume entière sur un secrétaire.

Alphonse Bertillon identifie ces traces papillaires, elles correspondent aux empreintes digitales d'Édouard Carouy, dit « *Raoul Leblanc* », et à celles de Marius Metge, déjà fichés en 1911, lors du cambriolage d'un bureau de poste à Romainville.

Les forces de l'ordre s'organisent alors pour une chasse à l'homme, en ciblant dans le milieu anarchiste les proches de Carouy et tous les sympathisants susceptibles de leur donner asile.

En janvier, Marius Metge, est arrêté, ainsi que Marie Vuillemin, la maîtresse de Garnier. Ce dernier est formellement identifié par Caby, le jeune employé, comme l'un de ses agresseurs.

Début mars, la surveillance des gares donne ses premiers résultats : deux anarchistes sont arrêtés en possession d'une partie des titres volés rue Ordener. Le premier reste muet mais le second nommé Rodriguez parle, en échange d'une promesse de non-lieu : c'est Bonnot et Garnier qui ont fait le coup de la rue Ordener.

Les arrestations se multiplient au fil des jours, et le bruit court que les bandits seraient prêts à prendre d'assaut la préfecture de police pour délivrer leurs complices. La protection des abords de celle-ci est renforcée.

Pendant ce temps, les bandits partis en Belgique pour tenter d'écouler les titres, reviennent sur Paris, volent le 27 février 1912 à Saint-Mandé une automobile et renversent le même jour, rue du Havre à Paris, un agent de police, qui décède de ses blessures.

Le 21 mars 1912, une lettre est publiée dans « *Le petit parisien* », est adressée au juge Gilbet et au chef de la sûreté, Xavier Guichard, en charge de l'enquête.

C'est la déclaration de guerre d'Octave Garnier envers la police et un pied de nez à Alphonse Bertillon et son service d'Identité Judiciaire. En effet, en plus de sa signature, il appose les empreintes digitales des cinq doigts de sa main droite.

Alphonse Bertillon peut ainsi facilement authentifier l'origine du courrier.

Le 25 mars 1912, l'équipe monte jusqu'à Chantilly, où elle commet l'attaque d'une agence de la Société Générale n'hésitant pas à faire feu sur deux employés, les tuant sur le coup. Une fois de plus, les bandits ont agi à visages découverts, ce qui permet aux témoins d'identifier formellement Bonnot, Garnier, Carouy et un jeune homme qui tenait la foule à distance en tirant : André Soudy, dit « *pas de chance* ».

Alphonse Bertillon et son équipe confirme ces témoignages grâce aux nombreuses traces digitales retrouvées sur le véhicule abandonné, notamment sur le volant.

La presse, quant à elle, doute de l'efficacité de la police, celle-ci étant incapable de mettre sous les verrous cette bande d'anarchistes meurtriers.

Certains journaux jouent sur la peur du crime en exigeant la protection des citoyens honnêtes. Le soir même de l'attaque de Chantilly, la Société Générale offre par voie de presse une récompense de 100 000 francs à la personne qui donnerait l'information permettant l'arrestation des malfaiteurs ; ce qui provoque une avalanche de signalements.

L'étau policier va se resserrer. Soudy, tuberculeux, est parti se soigner dans un sanatorium à Berck. Il y est arrêté, le 30 mars. La compagne de Carouy est repérée, et celui-ci est arrêté le 3 avril près de Fresnes. Il nie tout en bloc, mais ses empreintes digitales identifiées par Alphonse Bertillon permettent d'attester sa présence sur les lieux du crime de Thiais.

C'est ensuite le domicile parisien provisoire de « *Raymond la science* » qui est livré à la police par un indicateur. Callemin est arrêté sans heurts, le 7 avril, ainsi que Jourdan, qui lui avait offert l'hospitalité.

L'arrestation d'un suspect, « *Simentof* », a permis de révéler sa véritable identité après recherche dans les fichiers du service d'Identité Judiciaire. Il s'agit de Monier, également membre de la bande.

Par acquit de conscience, Jouin, sous-directeur de la sûreté, décide de perquisitionner chez l'une de ses relations avérées, Gauzy, qui tient une petite boutique de vêtements de soldes, à Ivry.

Lors de la perquisition Jouin, accompagné de l'inspecteur Colmar, surprennent Jules Bonnot dans la chambre du premier étage. Incapable de fuir, ce dernier tire sur l'inspecteur et sur Jouin, qu'il tue, puis parvient à échapper aux policiers en sautant par la fenêtre.

Reste Gauzy qui est arrêté sous les cris d'une foule qui réclame vengeance et que la police contient difficilement. Le meurtre du sous-directeur de la sûreté suscite une forte émotion dans tout le pays.

Bonnot est coupable et il s'est échappé au nez et à la barbe des policiers présents !

L'affaire va se terminer tragiquement.

Le 28 avril, à 7 heures du matin, rue Jules Vallès à Choisy-le-Roi, lors de la surveillance de la maison d'un certain Dubois, affilié à la bande, un échange de coups de feu a lieu, les policiers abattent Dubois. Bonnot, caché dans le garage tire sur les policiers et se barricade.

Sa présence étant confirmée, les policiers opèrent une retraite prudente dans l'attente de renforts. Le garage est isolé, facile à cerner.

On se prépare pour l'assaut, car en fait, tous les membres de la bande à Bonnot sont à Choisy-le-Roi.

Le siège dure cinq heures, attirant une foule de plus en plus nombreuse. Elle sera évaluée à 10 000 personnes. A 10 heures du matin, plus de 400 coups de feu ont été tiré.

A 11h15, on tente en vain de dynamiter l'édifice. Il faudra quatre tentatives, la dernière sera la bonne. Une énorme déflagration détruit partiellement le garage, le reste prend feu sous un épais nuage de fumée. La foule applaudit. On donne l'assaut. Mais la police est prudente. Elle parvient à contenir la foule pour entrer avec précaution dans le garage, protégé par des matelas.

Au premier étage, Jules Bonnot est effectivement présent, mais seul, agonisant sous un matelas, percé de onze balles.

Garnier et Valet vont, eux, tenir pendant plus de 7 heures sous le feu des policiers, des gendarmes et des militaires appelés en renfort. A deux heures du matin, à force de tirs et d'explosions à la mélinite (explosif à base d'acide picrique), la bande à Bonnot est décimée.

Du côté de Lyon, Edmond Locard va aussi avoir affaire à la bande à Bonnot.

Dans la nuit du 19 au 20 avril 1911, un vol avec effraction est commis dans l'étude de maître Girard, notaire à Vienne.

En découpant un volet de chêne fermant une fenêtre de l'étude, située au rez-de-chaussée d'un immeuble de la place Saint Paul, puis en brisant un carreau, les voleurs atteignent le coffre-fort. À l'aide d'un chalumeau oxyhydrique, la lourde porte de celui-ci est percée et les voleurs emportent 36 100 francs en billets de banque et de nombreux titres.

Dans le même temps, un cambriolage a lieu au siège de la filiale lyonnaise de la compagnie Singer (fabriquant de machines à coudre) au 192 rue Boileau.

Les bandits, après avoir vainement essayé de pénétrer dans le magasin en perçant la voûte de la cave, se sont introduits au premier étage par une imposte vitrée. Ils ont ensuite pratiqué un trou dans le plancher, sont descendus dans le magasin à l'aide d'une corde et ont percé la paroi latérale du coffre-fort en se servant également d'un chalumeau. Mais le butin est maigre, 2 269,55 francs.

Maître Girard porte plainte et dit aux policiers avoir des soupçons très précis, et qui semblent fondés, sur l'un de ses clients, qui, légataire universel grevé d'importants legs particuliers, avait déposé la veille une certaine somme d'argent. Il les aurait donc criminellement récupérés pendant la nuit.

Edmond Locard, se rend sur place pour faire les premières constatations et examine attentivement la porte du coffre-fort. Il se rend compte que les stries en zigzag laissées sur les bords de la découpe par l'utilisateur du chalumeau sont très semblables à celles laissées sur le coffre-fort de l'usine Singer.

Peut-on comparer les traces laissées sur les deux coffre-forts ?

Il y a-t-il des constantes dans le tracé d'un chalumeau dans le métal pour un individu donné ?

Telles sont les questions que se pose Edmond Locard.

Pour y répondre, il réalise alors plusieurs expériences et démontre que le chalumeau, dessine dans l'acier des lignes oscillantes, et que l'amplitude de ces oscillations est fonction d'un certain nombre de constantes anatomo-physiologiques. C'est-à-dire que lors de l'utilisation d'un chalumeau, l'opérateur laisse dans le métal des traces qui lui sont propres.

Pour Edmond Locard, les deux vols sont liés. Quelque temps après, le perceur de coffre-fort de l'usine Singer est arrêté par la police.

L'analyse des traces de chalumeau réalisée par le docteur Locard, le fait également inculper du vol chez le notaire de Vienne.

Un laboratoire de police scientifique international

Le laboratoire de police scientifique de Lyon, sous l'impulsion d'Edmond Locard, accueille de nombreux stagiaires de différentes nationalités, qui deviendront plus tard des sommités dans leurs pays d'origine, faisant ainsi rayonner le prestige de la police scientifique française.

Citons par exemple :
- Harry Soderman, stagiaire suédois qui devint le directeur du Laboratoire National de Science Forensique de Suède, entre 1939 et 1953 ;
- William Stirling, stagiaire anglais, qui devint chef du laboratoire de police de Singapour.

Leurs travaux d'études et de recherches firent progresser la police technique et scientifique, à la fois en créant de nouveaux appareils d'examens ou de mesures et permettant des avancées techniques importantes.

Mentionnons la création en 1926 du graphoscope, microscope binoculaire permettant l'expertise des documents écrits ou le synchrisiscope, inventé par William Stirling en 1933. Cet instrument est constitué de deux microscopes accolés avec un oculaire commun permettant l'examen simultané de divers indices : documents écrits, textiles, bois.

Intéressons-nous plus particulièrement à Harry Soderman. Lors de sa présence au laboratoire de Lyon, il se préoccupa notamment du problème de l'identification des cadavres par leurs empreintes digitales.

La prise des empreintes sur un cadavre est rendue difficile notamment par la rigidité cadavérique. Cela se complique encore plus quand la mort remonte à plusieurs jours, voire plusieurs semaines et surtout s'il s'agit d'un noyé, à cause de sa peau boursouflée.

Harry Soderman met alors au point une méthode simple et efficace, qui est parfois encore utilisée de nos jours, même si elle est un peu particulière.

Sa méthode consiste à découper, à l'extrémité de chaque doigt de la personne noyée, un morceau de peau de taille rectangulaire un peu plus grand que le dessin digital. Chaque morceau est ensuite placé séparément dans un tube en verre contenant du formol et correctement étiqueté.

Les tubes sont ensuite apportés au laboratoire. Le préparateur se munit alors d'une paire de gants en caoutchouc sur laquelle il va positionner chaque morceau de peau.

Ensuite, il les roule sur une plaque encrée et les reporte sur une feuille de papier blanc, comme pour une prise d'empreintes ordinaire.

L'identification des noyés est ainsi grandement facilitée.

Le principe d'échange de Locard

« La vérité est que nul ne peut agir avec l'intensité que suppose l'action criminelle sans laisser des marques multiples de son passage……. Les indices dont je veux montrer ici l'emploi sont de deux ordres : tantôt le malfaiteur a laissé sur les lieux les marques de son passage, tantôt, par une action inverse, il a emporté sur son corps ou sur ses vêtements les indices de son séjour ou de son geste. »

C'est ainsi qu'Edmond Locard, présente son principe d'échange, dans son livre édité en 1920 *« L'enquête criminelle et les méthodes scientifiques »*.

Ce principe est à la base de toutes les activités de la police technique et scientifique moderne.

Principe toujours d'actualité et jamais remis en cause.

Même si son auteur est moins connu en France ; dans les pays Anglo-saxons, Edmond Locard et son principe sont enseignés dans de nombreuses universités et école de police.

Si vous êtes amateur de séries policières et notamment de la série *« Les experts »*, écoutez bien Gil Grissom ou Horatio Caine, car, à plusieurs reprises, ils n'hésitent pas à mentionner et expliquer ce principe d'échange de Locard ainsi que nommer son auteur, *« le Sherlock Holmes français »*.

Le club des cinq… laboratoires de police scientifique

Ainsi donc débute en France, l'histoire de la police technique et scientifique.

La création de ce premier laboratoire lyonnais a montré l'intérêt que peut avoir la police technique et scientifique dans le cadre d'une enquête judiciaire.
Suite à son succès et à la renommée de son directeur, d'autres laboratoires vont voir le jour.

En 1923, c'est l'ouverture du laboratoire de police de Paris qui résulte plus exactement de la séparation de l'Identité Judiciaire d'Alphonse Bertillon et des activités dédiées spécifiquement au travail de laboratoire d'analyses.
En 1927, c'est Marseille qui se dote de son laboratoire, dont le premier directeur, Georges Beroud, est médecin légiste comme Edmond Locard.
Le quatrième laboratoire voit le jour à Lille en 1932, six ans avant le dernier d'entre-eux, celui de Toulouse.

Par une loi du 27 novembre 1943, les laboratoires de Lyon, Toulouse, Lille et Marseille deviennent des laboratoires de police interrégionaux, chargés de « *procéder à tous les examens, recherches et analyses d'ordre physique, chimique et biologique demandés par les parquets ou les différents services de police* ».
Ils sont placés sous l'autorité du préfet régional et dirigés par un chef de laboratoire qui a la qualité d'officier de police auxiliaire et peut être commis expert près les tribunaux.

Le laboratoire de police scientifique de Paris, reste quant à lui, sous la responsabilité de Préfet de police de Paris.

L'article 58 de la loi 2001-1062 du 15 novembre 2001 et le décret 2004-1211 du 9 novembre 2004, créent l'Institut National de Police Scientifique (INPS) qui regroupe les cinq laboratoires de police scientifique de France.

Cet établissement public administratif est actuellement placé sous la tutelle du ministère de l'Intérieur, tutelle exercée par le Directeur Général de la Police Nationale.

Une dernière histoire

Pour la dernière histoire de cet ouvrage, nous retrouvons Victor Balthazard, contemporain de nos trois pionniers, que nous avons déjà évoqué comme le fondateur de la balistique moderne.

Au début de sa carrière médicale, Victor Balthazard, travaille avec Pierre Curie et Charles Bouchard sur l'étude de l'action physiologique du radium sur les souris. Puis intéressé par la médecine légale, il en étudie différents aspects et défriche également de nouveaux domaines d'expertises. Il s'intéresse notamment aux poils humains et animaux dans le cadre de la criminalistique.

Avec le docteur Marcelle Lambert, il rédige en 1910 « *Le poil de l'homme et des animaux* », ouvrage de référence dans ce domaine d'expertise.

Nous concluons donc nos petites histoires de la police technique et scientifique sur une affaire criminelle dans laquelle les cheveux ont une grande importance.

Crime au N°1 du Boulevard Voltaire

Le 18 juillet 1909 vers 13 heures, le cadavre d'une jeune femme, âgée de 17 ans, Germaine Bichon, est découvert dans le bureau de placement de domestiques, du n° 1 Boulevard Voltaire, à Paris.

Dans la soirée, le docteur Victor Balthazard, accompagné de M. Hamard, chef de la sûreté, arrivent sur les lieux. Le médecin légiste constate que la victime a succombé à des fractures du crâne. Il découvre également lors de l'examen du corps, de longs cheveux blonds dans ses deux mains, qui ne lui appartiennent pas. En effet, la victime est brune.

Ces cheveux sont recueillis séparément pour chaque main. D'après ces premiers indices, l'assassin pourrait, selon l'expert, être une femme.

Le lendemain, au laboratoire de la faculté de médecine, Victor Balthazard procède à l'autopsie de Germaine Bichon. Il dénombre sur le visage de la jeune femme, trente-sept coups de hachette, neuf portés avec la partie tranchante de l'arme, vingt-huit avec le talon de la même arme, formant un marteau, rendant celle-ci totalement méconnaissable.

Dans la chevelure de la victime, il découvre une broche qui ne lui appartient pas, renforçant ainsi l'hypothèse d'une meurtrière.

Les enquêteurs de police, suite au témoignage de la concierge de l'immeuble et aux indications de Victor Balthazard cherchent une jeune femme blonde.

Le 23 juillet 1909, une femme, Louise-Rosella Rousseau, épouse Bosch, âgée de 38 ans est arrêtée. Le juge d'instruction Hastrong, désigne Victor

Balthazard pour déterminer si les cheveux trouvés dans les mains de la victime proviennent de madame Bosch ou de la victime.

De retour au laboratoire, le médecin légiste examine minutieusement les prélèvements réalisés sur les lieux. Il y a un certain nombre de cheveux dans les prélèvements réalisés sur chacune des mains de la victime. Ces poils, très longs (plus de 15 à 20 centimètres) et minces, étaient enchevêtrés dans ses doigts et souillés de sang.

Victor Balthazard les nettoie et les colle sur une lame de verre pour permettre leur examen au microscope.

L'un des cheveux trouvés dans la main droite possède une couleur châtain foncé et un diamètre assez considérable de 110 micromètres (μm, soit 110 millièmes de millimètres).

Tous les autres cheveux sont châtains clair ou blonds et leur diamètre varie de 60 à 80 μm.

Les cheveux de la victime vont également être examinés et comparés à ceux présents dans ses mains.

Les cheveux de Germaine Bichon sont, dans leur ensemble, d'une coloration châtain très foncé, presque noire, mais, avec également présence d'un certain nombre de cheveux de nuance plus claire.

Les cheveux de madame Bosch, quant à eux, ont une coloration en général châtain clair, cependant on trouve quelques touffes de cheveux plus clairs, presque blonds, surtout en arrière de la tête et sur les tempes. Le diamètre moyen de ceux-ci est de 70 μm.

Victor Balthazard va conclure que c'est seulement dans la chevelure de Germaine Bichon qu'il existe des cheveux foncés, d'un diamètre identique à celui trouvé dans la main droite. Elle avait une chevelure très fournie qui, au cours de la lutte, s'est entièrement détachée.

Il n'est donc pas extraordinaire de retrouver un de ces cheveux dans sa main droite.

Pour les autres cheveux retrouvés dans les mains de la victime, il estime qu'il est très vraisemblable qu'ils proviennent de madame Bosch.

Il va même procéder à un examen de la chevelure de la suspecte.

À la loupe, il constate que dans la région temporale gauche de madame Bosch, il existe à ce niveau une vingtaine de cheveux environ qui a été arrachée et cette constatation directe vient encore appuyer les conclusions qu'il avait déduites de l'examen des cheveux, à savoir que les cheveux trouvés dans les mains de Germaine Bichon ont été, au cours de la lutte, arrachés à madame Bosch.

Ce scénario est compatible avec les déclarations de la meurtrière. En effet, lors de sa garde à vue, Louise-Rosella Rousseau passe aux aveux.

S'étant introduite discrètement dans le bureau de placement, elle y était restée cachée toute la nuit. Le lendemain elle avait tué la jeune fille au cours d'une violente lutte.

Ancienne domestique de Monsieur Oursel, propriétaire du bureau de placement, et compagnon de la jeune victime, madame Bosch voulait se venger de lui et le voler. La mort de la jeune fille, selon ses dires était dû à de la légitime défense.

Mais l'examen pratiqué sur elle par le docteur Balthazard ne montra aucun signe de violences.

Le 9 juillet 1910, après deux jours d'audition, le jury de la cours d'assise de la Seine, écarte la légitime défense et condamne Louise-Rosella Rousseau à la peine de mort.

Repères Chronologiques

1879 : Alphonse Bertillon intègre la préfecture de police de Paris en tant que commis auxiliaire aux écritures

1883 : Première identification par Alphonse Bertillon, d'un récidiviste grâce à l'anthropométrie judiciaire

1888 : Première utilisation de l'examen des projectiles par Alexandre Lacassagne pour condamner un criminel

1892 : Identification de l'anarchiste Ravachol par Alphonse Bertillon

1892 : Première arrestation d'un criminel par comparaison des empreintes digitales (affaire Rojas, Argentine)

1902 : Première arrestation d'un criminel par identification des empreintes digitales par Alphonse Bertillon

1904 : Instauration par Alphonse Bertillon des photographies métriques et stéréométriques sur la scène de crime

1907 : Élaboration par Alphonse Bertillon, d'un appareil photographique dit « plongeur ».

1910 : Création par Edmond Locard du premier laboratoire de police scientifique français à Lyon

1910 : Première condamnation en France, établie uniquement sur la base des empreintes digitales

1914 : Elaboration par Edmond Locard, de la règle des 12 points de comparaison pour établir l'indentification d'un individu par ses empreintes digitales

1920 : Énoncé du principe d'échange par Edmond Locard dans son livre « *l'enquête criminelle et les méthodes scientifiques* »

NOTICES BIOGRAPHIQUES

Alphonse BERTILLON

Né à Paris, le 22 avril 1853
Mort à Paris, le 13 février 1914

Petit-fils du botaniste Achille Guillard (1799-1876) qui fut passionné par l'étude des populations et créateur du mot « *démographie* » et fils de Louis Adolphe Bertillon, directeur des Statistiques du département de la Seine et co-fondateur de l'école d'anthropologie au sein de laquelle il crée la chaire de démographie.

Contrairement à son frère Jacques Bertillon, statisticien et démographe, Alphonse est un élève médiocre et abandonne rapidement ses études de médecine. En 1879, il entre à la préfecture de police de Paris où il exerce la fonction de commis assistant aux écritures.

- Créateur de l'anthropométrie judiciaire, appelée « *système Bertillon* » ;
- Chef du service d'identification de la préfecture de Paris en 1888 ;
- Directeur du premier service d'Identité Judiciaire en 1893 ;
- Créateur du portrait parlé ;
- Pionnier de la photographie judiciaire.

Il meurt d'une anémie pernicieuse le 13 février 1914, à l'âge de 61 ans.

Alexandre LACASSAGNE

Né à Cahors le 17 août 1843
Mort à Lyon le 24 septembre 1924

Fils d'un père directeur de l'hôtel du Palais Royal de Cahors, brillant étudiant, il étudie la médecine en intégrant en 1864, la huitième promotion de l'école impériale du service de santé militaire de Strasbourg.

Obtient la chaire d'hygiène et de médecine légale du Val de Grâce en 1874, puis occupe celle de la Faculté de médecine de Lyon en 1880.

Il développa la médecine légale à Lyon et introduisit la méthode expérimentale dans l'enseignement de la médecine légale. Il contribua également à la naissance de la déontologie médicale.

Il est l'un des fondateurs, avec Gabriel Tarde de la première revue française de criminologie en 1895 : « *Les Archives d'anthropologie criminelle, de criminologie, psychologie normale et pathologique* ».

En 1914, il fonde le Musée d'Histoire de la médecine et de la pharmacie à Lyon.

Par une belle matinée de juillet 1924, à l'entrée du pont de l'Antiquaille à Lyon, il est renversé par une automobile. Pendant plusieurs semaines, il lutte contre la mort mais tombe dans le coma.

Il meurt le 24 septembre 1924, à l'âge de 81 ans.

Edmond LOCARD

Né à Saint Chamond le 13 décembre 1877
Mort à Caluire et Cuire le 4 mai 1966

Issu d'une famille d'origine Écossaise au passé prestigieux. Né d'un père ingénieur de l'École Centrale des Arts et Manufactures de Paris et d'une mère passionnée de théâtre et de musique, Edmond Locard est un élève brillant, bachelier à 17 ans, avec la double mention lettres et sciences. Adulte, il écrit et parle onze langues dont le sanskrit.

Après ce double baccalauréat, il effectue des études de droit puis, étudie la médecine, devient l'élève d'Alexandre Lacassagne. En 1902, il est reçu Docteur en médecine.

Il obtient sa licence de droit en 1905.

Fondateur à Lyon, en 1910, du premier laboratoire de police scientifique en France.

Edmond Locard deviendra, en 1929, le cofondateur de l'Académie Internationale de Criminalistique, le rédacteur en chef et le directeur de la *« Revue Internationale de Criminalistique »* jusqu'en 1938.

Créateur du principe d'échange qui porte son nom et qui est la base même de la criminalistique moderne.

Il meurt le 4 mai 1966, à l'âge de 86 ans

Remerciements

Merci à tous les collaborateurs des sites «*GALLICA*» et «*CRIMINOCORPUS*» pour leur travail.
Grâce à eux, les amateurs passionnés par l'histoire de la justice et des crimes peuvent consulter de nombreux documents et trouver ainsi leur inspiration

Merci à Anne-Laure, Audrey, Cécile, Florian, Ludivine et Régis pour leurs conseils.

BIBLIOGRAPHIE

Alphonse BERTILLON

- VIDOCQ François Eugène, *Mémoires de Vidocq*, Garnier Frères Libraires-Editeurs, 1911, pp545
- BERTILLON Alphonse, L'identité des récidivistes et la loi de relégation, *Annales de Démographie internationale*, 1883
- LOCARD Edmond, *L'identification des récidivistes*, A. MALOINE Éditeur, 1909, p400
- KALUSZYNSKI Martine, Alphonse Bertillon et l'anthropométrie judiciaire. L'identification au cœur de l'ordre républicain. In PIAZZA Pierre *Aux Origines de la police scientifique : Alphonse Bertillon, précurseur de la science du crime,* Paris, Khartala, pp.31-49, 2011
- BOURGOIN Stéphane, *Sérial Krimes*, Bernard Grasset, 2017, p587
- SONDEREGGER Bernhard, URS PETER Martin, *1913-2013, les empreintes digitales au service de la confédération,* Office fédéral de la police fedpol, 2013, p92
- LOCARD Edmond, La science contre le crime, *Détective*, 1930, n° 88, p11
- LOCARD Edmond, L'œuvre d'Alphonse Bertillon, *Archives de l'anthropologie criminelle de médecine légale et de psychologie normale et pathologique*, 1914, tome 29, pp167-186
- BERLIERE Jean-Marc, *L'affaire Scheffer : une victoire de la science contre le crime ? (octobre 1902)*, revue hypermédia, Histoire de la justice, des crimes et des peines, 2012

- CHARPIER Frédéric, Au cœur de la PJ, Enquête sur la police scientifique, Flammarion, 1997, p337
- LOCARD Edmond, La science contre le crime, *Détective*, n° 96, 1930
- AGENCE SCIENCE PRESSE, Le cas de Will et William West et la fin du bertillonnage, disponible sur http://www.sciencepresse.qc.ca/blogue/2012/10/26/cas-will-william-west-fin-bertillonnage
- COIGNARD Jérôme, Loin du Louvre, le vol de la Joconde, Éditions Olba, 1998, p139
- MALHERBE Michel. La bande à Bonnot, De Borée Éditions, 2012, p336
- Le crime de la rue de la pépinière, *L'œil de la police*, tome 7, 1909, p2
- L'affaire de la rue de la pépinière, *Revue des Grands Procès contemporains, 1909*, tome 27, pp277-309, pp567-633
- L'affaire Dreyfus, http://www.justice.gouv.fr/histoire-et-patrimoine-10050/proces-historiques-10411/laffaire-dreyfus-22696.html
- MANSUY Robert, MAZLIAK Laurent, Introduction au rapport de Poincaré pour le procès en cassation de Dreyfus en 1904, Journ@l *électronique d'Histoire des probabilités et de la Statistique*, Vol 1, n°1, 2005
- ROLLET Laurent, Des mathématiciens dans l'affaire Dreyfus, *Images des Mathématiques*, CNRS, 2013
- Le Petit Parisien du 14 décembre 1913.

Alexandre LACASSAGNE

- LACASSAGNE Alexandre, De la déformation des balles de revolver soit dans l'arme, soit sur le squelette, *Archives de l'anthropologie criminelle et des sciences pénales*, 1889, tome 4, pp70-79
- LACASSAGNE Alexandre, Les transformations du droit pénal et les progrès de la médecine légale, de 1810 à 1912, *Archives de l'anthropologie criminelle*, 1913, tome 28, p364.
- LACASSAGNE Alexandre, Affaire de la Vilette, *Archives de l'anthropologie criminelle, de criminologie et de psychologie normale et pathologique*, 1901, tome 16, pp33-42
- CHARABIDZE Damien, BOUREL Benoît, Entomologie médico-légale : les insectes au service de la justice, *Insectes*, 2007, 147, pp29-32
- LACASSAGNE Alexandre, Affaire de Thodure, *Archives de l'anthropologie criminelle, de criminologie et de psychologie normale et pathologique*, 1898, tome 13, pp419-468
- LOCARD Edmond, La science contre le crime, *Détective*, 1930, tome 72, p11
- LACASSAGNE Alexandre, L'affaire Gouffé, *Archives de l'anthropologie criminelle et des sciences pénales,* 1890, tome 5, pp642-716
- Michel Eyraud et Gabrielle Bompard, *Revue des Grands Procès contemporains,* 1891, tome 9, pp19-106
- RENNEVILLE Marc, L'affaire Joseph Vacher : la fin d'un « brevet d'impunité » pour les criminels ?, *Droit et culture,* 2010, 60, pp129-142
- LACASSAGNE Alexandre, Vacher l'éventreur et les crimes sadiques, A. STORK, 1899, p411

- LACASSAGNE Alexandre, L'assassinat du Président Carnot, *Archives de l'anthropologie criminelle, de criminologie et de psychologie normale et pathologique*, 1894, tome 9, pp513-598

- VAYRE Pierre, Assassinat de Marie-François-Sadi Carnot à Lyon, le 24 juin 1894 : défi chirurgical et gageure politique d'un martyre, *e-mémoires de l'Académie Nationale de Chirurgie*, 2010, 9, pp22-31

- ROLE André, *Un grand Cadurcien, Alexandre Lacassagne (1843-1924)*, Histoire des Sciences Médicales, 1998, tome XXXII, n° 4, pp409-415

Edmond LOCARD

- LOCARD Edmond, Mémoires *d'un criminologiste*, Librairie ARTHEME FAYARD, 1957, p249

- LOCARD Edmond, Laboratoire de police et Instruction criminelle, *Bulletin de la Société d'anthropologie de Lyon*, tome 31, 1912. pp127-164 ;

- LOCARD Edmond, *L'enquête criminelle et les méthodes scientifiques*, Ernest Flammarion Éditeur, 1920, p297

- CHAUVY Gérard, *Les archives de la police scientifique française, des origines à nos jours*, Édition France Loisirs, p191 ;

- LOCARD Edmond, La science contre le crime, *Détective*, 1930, n° 73, p11

- LOCARD Edmond, La science contre le crime, *Détective*, 1930, n° 96, p14

- MAZEVET Michel, *Edmond Locard le Sherlock Holmes français*, Éditions des traboules, 2006, p170

- RENNEVILLE Marc, la bande à Bonnot : de l'histoire au mythe, disponible sur Criminocorpus (En ligne)

- MALHERBE Michel, *La bande à Bonnot,* Éditions De Borée, 2012, p384

- Institut National de Police Scientifique, 100 ans de savoir faire, DGPN/SICOP/mars 2010

-FRAPPA Amos, « Les techniques d'identification inédites mobilisées par Edmond Locard : le graphoscope, le hastoscope et le synchrisiscope », disponible sur Criminocorpus (En ligne)

- BALTHAZARD Victor, LAMBERT Marcelle, *Le poil de l'homme et des animaux*, G. STEINHEIL Éditeur, 1910, p322

Table des matières